U0122605

地理辨正疏

上冊

黃石公傳赤松子述義
楊益著、曾求己著
蔣大鴻註、姜垚註
張心言疏
繼大師標點、整理
校對及註解

繼大師

風水祖師蔣大鴻造像

《地理辨正疏上冊》黃石公傳——赤松子述義——楊益（筠松）著

曾求己（公安）著　蔣大鴻（平階）註　姜垚（汝皋）註

張心言（綺石）疏　繼大師標點、整理、校對、及註解

目錄

上冊

下冊

《地理辨正疏》出版說明 ── 繼大師

筆者繼大師把《地理辨正疏》內容編輯重整，在生意上來說，根本是吃力不討好的事；人工心血，不計成本，出版此書，不能用金錢去衡量。

本人為着此本三元地理經典書籍的流通及傳播，不惜付出巨大心血代價。

全書分上下兩冊，共四二四頁，人手打孔穿線釘裝，訂價港幣$400元，平均一頁面紙不到港幣一元，影印價錢。在此多謝榮光園有限公司冒着虧損風險也大力幫忙。

現時坊間已有多種版本流通，網上也有非常多的繁體、簡體版本，價錢便宜，回想起來，有些版本甚至可免費下載，這只是《地理辨正注》，當然並非張心言地師所疏解。

本人重做，對於某些人來說，可能是多此一舉。現代人資訊發達，網上資料非常豐富，查詢任何資料均清楚詳盡，雖然未必肯化錢買書，但識貨之人自知。

在二〇二〇年一月至今（二〇二二年中）全世界因新冠疫情關係，各行各業，經濟陷入困境，大國欺凌，生活艱難，可謂在逆境中求存。

回想起二〇一九年尾，重看《地理辨正疏》一書，武陵版本，愈看愈發覺很多錯字，竹林版有些章句倒亂。

兩個版本內，文章沒有段落，文字密佈，填滿了每頁的空間，部份卦圖雜亂，字體細少模糊，思前想後，幾經掙扎一番，筆者繼大師實在忍不住手，終於提起精神，計劃重新打稿做圖出版。繼而重新參考武陵版及竹林版，兩版本內容均有許多不同的錯漏，尤其是武陵版，卦圖凌亂。

兩年多來，筆者繼大師把新舊著作及註解書籍數本，同時進行編輯排稿出版，每日打稿對稿，前後把《地理辨正疏》全書閱讀了六七遍，將句子重整，分出段落，改正錯字；更化了大量時間修改卦圖，若沒有應有的體力及魄力，是很難完成的。

在閱讀期間發覺張心言地師把很多心要口訣於疏解內披露，若細心研究，必有得着，但須得明師真傳。張氏把挨星卦圖、七星打劫、卦運、先後天卦之方圓圖及三元易卦羅盤等卦圖表放在卷首。更揭開了生成共路夫婦卦、雙山雙向的原理、卦爻之左右旋等原則及卦象解說等論述。

「**生成共路夫婦卦**」在《天玉經》〈內傳上〉，武陵出版社出版，第一五八頁。張心言補註《**疏**》云：

「**如乾䷀與夬䷪合四九。大有䷍與大壯䷡合二八。同在乾☰宮。為共路夫婦。故蔣傳以丙與半午為夫婦。若巳與半巽為陰儀四卦。又當另配為夫婦。故曰丙見巳非夫婦也。然共路夫婦尚非真夫婦。不必泥於蔣傳。細玩二十四局自明。**」

又「**雙山雙向**」在《天玉經》〈內傳上〉，武陵出版社出版，第一六八頁。張心言補註《**疏**》云：「**雙山如峽寬。而一六雙收者是雙向。乃用爻之法。如用乾上爻。為四九雙用。**」這裏已清楚說明用上爻立向，已公開了很大的秘密。

至於「**卦爻之左右旋等原則**」，張心言在《天玉經》〈內傳中〉「**千維乾艮巽坤壬。陽順星辰輪。支神坎震離兌癸。陰卦逆行取。**」武陵出版社出版，第一七三至一七四頁。他疏解此段經文，非常詳盡透徹，若細心研究，定知其理。

所有這些解説，張氏説得非常詳盡，更有部份水法，隱藏在疏解之內，唯得真傳者知之。祈望是書出版順利，留與有緣人，本書適宜收藏。

但願此本經典的三元地理易卦《地理辨正疏》（上下冊）一書，能在適當時候，廣為流傳，流芳百世，傳承不斷，不負歷代眾賢所望。

繼大師寫於
香港明性洞天
壬寅季春吉日

註者繼大師序

由張心言地師所疏解的《地理辨正疏》一書，是三元風水理氣一派的傳承書籍，恩師 呂克明先生閱讀此書後，曾在書末段有如下之記錄：

「地理辨正疏乃理氣之正宗。最堪研讀。惜坊本錯漏百出。尤以卦爻卦名。錯謬更甚。茲值初版。特逐篇校正。忙中容或有漏。則俟再版時補入可也。」

天運下元歲次丁卯書於元朗明軒
呂克明　一九八七年十一月

《地理辨正疏》內有《青囊經》、《青囊序》、《青囊奧語》、《天玉經》、《都天寶照經》等五部經，為三元元空派易卦理氣之根本理論，有黃石公、赤松子、楊筠松、曾求己、蔣大鴻、姜垚、張心言等風水名家的精要，闡述《河圖洛書》的易理而應用於風水上。

在**《沈氏玄空》〈卷下〉**第 855 頁**《從師隨筆》**云：**「庚午年**（1690 年）**《奧語》告成。**

杜陵夫子又來越（浙江省）。**謂**余（姜垚）**註識掌模二句。未免顯露。乃改正之。**」

查「庚午」年乃公元 1690 年，蔣大鴻弟子姜垚完成了《青囊奧語》的註解。（1688 － 1690 年）

《沈氏玄空》〈卷下〉第 856 頁〈**從師隨筆**〉**又云**：「**江浙近日偽法日出。最奇者為起星之法。自《辨正》出。始有王道可循矣。師囑余**（姜垚）**作歌以正《平砂玉尺》之偽。歌中僅言裝卦。未言挨星也。**」

此姜垚著〈辨偽文〉以七言詩句寫成，全名為〈平砂玉尺辨偽總括歌〉錄於蔣大鴻著〈平砂玉尺辨偽〉文之後，見《地理辨正疏》武陵出版，第 317 － 323 頁。由此推理，蔣大鴻先生所註解《地理辨正注》出版日期應該在 1690 年庚午年或之後。

蔣氏註解至今 2020 年已有 330 年。其註解者不知凡幾，版本非常多，惟獨張心言所疏的版本最深入，卦理中之秘密，公開最多，亦是公開三元元空大卦卦圖的首位註解者。

清光緒三年（一八九六年丙申年）又元子元祝垚𠓲農氏著《囫圇語》（囫圇音忽輪，整個的，完全不缺之意。）及《陽宅覺》，又元子是當時天津地方的風水地學名家，雖書已於公元一九一八年戊午年出版，但當逢中國政局不穩定，版本無從購買，當時學風水的人到處尋找而不能得，張振采有此秘本，於是將家藏秘本取出發行出版。於一九三三年張振采將蔣大鴻《天元五歌、歸厚錄》及劉湘樵著《入門捷訣》合編成《玄空真解》，分上中下三卷出版。

現今（2020年）坊間售價頗貴，《玄空真解》卷首內容與《地理辨正疏》卷首內之圖表及張心言所著之文章相同，只係加上少許註解。元祝垚及張振采地師是很尊崇及確認張心言先生是真得蔣大鴻先師心傳的人。在《玄空真解》張振采地師在序文中（第六至七頁）云：「**書施之陰陽二宅。無不百試百驗。按之大玄空皆能一一符合。由是可證明地學之書。惟大玄空法爲真正嫡傳也。**」

又在《卷首》卦圖之後（第十七頁）云：「**按辨正書出。一時被其誤者甚衆。雖其**

書中亦明言。不得師傳。萬不可借文字語言。強以干支八卦談玄空之奧。而一時僞書兢出者如《乾坤法竅》、《地理正宗》、《四祕全書》、《辨正再辨》等。不下數十種。皆以干支八卦強談卦理。而其誤人之說。遂徧國中。幸得張子綺石（張心言）不憚淺漏之愆。直以六十四卦顯以告人。而其法按之經文證之蔣傳。無不一一脗合。……吾何幸生張子之後而得讀其書。吾將率萬世學者。同執第子禮於張子之靈。」

以繼大師所知，羅盤中廿四山之天干地支，只能作陰陽二宅坐山的五行，以此用作擇日造葬或修造，而達到扶山相主之目的，不能用作判斷吉凶之數據。不得明師真傳是沒法明白的，他最後兩句說話，道出了張振采地師對張心言先生的極度尊崇，自言非常幸運地生於張心言地師之後而得讀其書，還說要帶領後代萬世之風水後學者，向張心言地師同執第子之禮。

《玄空真解》內容有〈入門捷訣〉、〈陽宅覺〉、〈囫圇語〉、〈青囊經〉、〈青囊序〉、〈青囊奧語〉、〈天玉經〉、〈都天寶照經〉、〈天元五歌〉及〈歸厚錄〉。

另有署名無際山人著《三元玄空大卦秘傳》，坊間亦已斷版，其內容與《玄空真解》及《地理辨正疏》有同有不同，其卦理之論述，較為點滴，系統較為欠缺，內容與《地理辨正疏》有出入，但有很多卦理圖表，雖然沒有解釋其用法，但其卦理圖表，均表達清楚，值得參考。

民初有劉仙舫先生著《元空真秘》此秘本在光緒卅四年（一九〇八年）著成，民國九年（一九二〇年）出版，其中缺了數頁，但價錢昂貴，網上賣價三至四萬元，真實售價都要二萬元人民幣，有陳木溪編輯的影印手抄本，更有鄭大森影印手抄本在網上出售，亦有缺頁出現，部份內容與無際山人著《三元玄空大卦秘傳》相若，尤以通卦、倒排卦、翻卦之卦例圖表為甚。

另外筆者繼大師意譯及註解馬泰青著《三元地理辨惑白話真解》，此書已算是述説三元卦理吉凶証驗最詳細的一本書了。另有吳明修生生撰《易經三元地理闡微》，雖然圖表例子眾多，但若用心鑽研，必有所得。其他真傳的三元元空大卦出版的書籍均非常少，可以說是寥寥可數。坊間亦有其他元空大卦之書，可借真假學理混合其中，非明眼人，難以辨別。

無常派（繼大師註：無錫常州市，簡稱「無常派」，以章仲山為宗師。）先賢孔昭蘇先生（粵東散人）撰《孔氏易盤易解》（集文書局一九八九年出版）其內容是由他本人所搜集百多本秘本內之其中書籍所編寫而成，內容大部份節錄《元空真秘》。在論述風水卦理而言，是一本比較說得詳細的三元理氣書籍；雖然孔氏不認同張心言所疏解《地理辨正疏》內的三元理氣理論，但先賢元祝垚、張振采等三元地師均視為珍寶。

繼大師認為縱使搜集所有秘本，若沒有得明師真傳口授，就算聰明如孔子也不能明白；所以蔣大鴻先師說：「**得書不得訣，亦是枉然。**」

由張心言疏蔣大鴻所註《地理辨正疏》的版本，現時在坊間發行出版的公司有：「竹林書局、武陵出版社、瑞成書局」及國內有多個繁簡字體的版本出版。其中主要版本〈卷首〉內的卦圖，其卦象有不少錯漏，全卷字體，亦有不少錯字，雖有句號作標點符號，但文字密麻麻而沒有段落，讀來感覺困難。

作為一本三元風水理氣的經典著作《地理辨正疏》，經歷330年的時間，應該係時候將它整理妥當，繼大師今將圖文編輯清楚，使容易閱讀，以完成 呂師遺願，並重新劃上卦象圖表。

因為三元元空卦理被視為天機大秘密，加上個人理解不同，註解者繼大師會酌量解釋清楚，務求不致曲解其意，並以蔣大鴻及張心言等名家所註疏之言為主而解説，不失其傳承真義。當然學習者有個人的取向，亦有先入為主的觀念，這認同與否並不重要，只希望把《地理辨正疏》內容圖文整理得清清楚楚，以作參考，流傳後世。

在《地理辨正原序》（《地理合璧》卷首內）恩師 呂克明先生註解曰：

張（張心言）**疏是用易理六十四卦與辨生旺，章温**（章仲山、温明遠）**是用飛星中五立極審生旺，兩說互不相同，學者切宜注意。**（一九六四年六月十二日甲辰夏）

這說明無常派宗師章仲山以中五立極審衰旺，以元運入中宮飛佈九宮而定吉凶，張心言則以六十四卦定吉凶，兩者解註蔣大鴻傳註《地理辨正疏》內的五經有很大分別，故讀者要特別留意！

全卷書內五經，由黃石公傳，赤松子述義，楊筠松及曾求己著，蔣大鴻著、註解及傳，姜垚著及註解，張心言著及疏，最後就是繼大師再註解，此書以線裝書籍形式出版，並作限量版出售。祈望將此三元元空大卦一代一代地傳承下去，使後來三元元空理氣學者有一條指引明路，是為序。

繼大師寫於香港明性洞天
庚子年孟冬吉日
辛丑年孟春重修

《蔣大鴻祖師略傳》——附〈華亭縣誌〉（再修訂版） 繼大師撰

（原文錄於繼大師著《風水祖師蔣大鴻史傳》一書內，此文於庚子季秋再次修改。）

蔣平階字大鴻，原名雯階字馭閎，嗣名許岳，又名旻珂或元珂，號中陽子又名宗陽子，人們稱杜陵夫子，生於明萬曆四十四年丙辰年十二月廿七日辰時，（公元 1617 年 2 月 2 日。）世代住江蘇華亭張澤，今之上海市松江區張澤鎮，蔣爾揚進士之姪兒。

上海辭書出版社出版的《葉榭鎮誌》〈大事記〉第七十九頁云：

「明祟禎七年七年（1634 年）進士蔣爾揚居此。（蔣爾揚，字抑之，曾官湖南道州知州）……蔣姓氏族興盛時期有「蔣半鎮」之稱。蔣氏從子平階（蔣大鴻）乃明末抗清英雄。其在宅後掩埋兵器兵書。出土至閩。續護唐王抗清。後人稱掩埋兵器兵書處爲「兵書墩」（今鎮敬老院）。列爲古蹟之一。」

蔣大鴻是嘉善縣學生，年少時得其祖父蔣安溪先生教授他風水巒頭功夫。年青時，在幾社（文人讀書聚集之會社）之儒生中很有聲名，常與其文學老師江南名士陳子龍來往。

上海辭書出版社出版的《葉榭鎮誌》〈大事記〉十一頁內云：

「崇禎十七年（1644甲申年）里人蔣平階（字大鴻）仇清軍入侵。志亘復明祚。募兵起義。迨清人統治。失敗後出亡至閩。續輔唐王抗清。」

崇禎十八年（1645乙酉年）時清軍攻入江蘇三浙之地，虛齡卅歲的蔣氏，南逃入南明據守之福建，後任兵部司務，且升至御史一職。福建在將失守前，因彈劾鄭成功父親鄭芝龍後，棄職離開福建，且遊於八閩之地及大江南北，四十歲時還未結婚。

（筆者繼大師之恩師 呂克明先生生前述及，因為追求風水真道，亦是四十多歲始結婚。）

蔣氏於平原曠野中遇見無極子，且傳他風水秘法。後定居浙江紹興若耶樵風涇，並傳授風水，其唐弟蔣雯罽（字姬符）亦是他的弟子，且著書立說，留傳後世。

（繼大師註：若耶溪在浙江省紹興市區境內一條著名的溪流，今名平水江。相傳若耶溪有七十二支流，自平水而北，會三十六溪之水，流經龍舌，匯於禹陵，然後又分為兩支，一支西折經稽山橋注入鏡湖，一支北向出三江閘入海，全長百里。）

蔣氏晚年來往丹陽，暫居兩地，與人造葬，且傳授風水秘法。1679 年己未年，他拒受康熙皇帝征招「博學鴻儒」之舉薦，晚年時，說起他青年時的往事，非常激動，常緬懷過去的明治時代，是一位愛國風水明師。

由於當時盛行三合風水，以署名劉秉忠著《平砂玉尺經》為宗，甚為流行，蔣氏為了闢除偽經之謬，於是在坊間搜集名家黃石公、赤松子、楊筠松、曾求己等名家所著作之各種風水秘本，後於 1690 庚午年著《地理辨正注》，並出版以辨正當時的三合風水《平砂玉尺經》偽書，《地理辨正注》一書內有其弟子姜垚註《青囊奧語》及著《平砂玉尺辨偽總括歌》。

據其弟子姜垚著之《從師隨筆》記載，在1705年，蔣氏九十虛歲高齡時，仍為商姓福主遷葬祖先，他的記錄至1714年，最少壽至九十九虛歲，是一位長壽老人。

蔣氏晚年卒於紹興，臨終前囑咐門人弟子要把他葬在紹興若耶樵風涇林家灣與林家匯間自卜之吉穴上，名「螺螄吐肉形」。其子蔣無逸，精於書畫，卒於廣東。

其實蔣大鴻先師除精通風水外，亦精通兵法，是當時的反清復名義士，自己出錢募兵起義，但可惜明朝氣數已盡，無力挽回。蔣氏生於公元1617年2月2日，2月3日為立春日，故他生於四絕日，青年時險遭王難之險，晚年長壽且聲名遠播，成為風水界上的歷史人物。

蔣氏著作有：

《地理辨正注》、《水龍經五卷》（輯訂）、《八極神樞注一卷》、《黃白二氣說》、《歸厚錄》、《天驚三訣》、《蔣公字字金》、《天玉外傳》、《玉函真義》五篇（即《天元五歌》），於一六五九己亥年著，並包括《醒心篇》一卷在內。後又著《天元餘義》、《古鏡歌》。

另筆者繼大師之恩師 呂克明先生藏有《洩天機卅六訣》，由張心言地師所撰寫，是張氏傳給他的姪子「張南珍 － 字雨香」，此秘本部份曾錄於在清末廣東梅縣大埔堪輿明師劉仙舫先生在一九〇八年戊申年所傳之《元空真秘》一書內。近代無常派風水地師孔昭蘇先生亦有此藏本。

蔣氏又著有明末朝廷內各政黨鬥爭內幕的《東林始末》一卷（《四庫全書》存目並宋府志，內述明末東林政黨事情）、《陽宅指南》、《傳家陽宅得一錄》（即《八宅天元賦》）、《平砂玉尺辨偽文》（錄於《地理辨正疏》內）、《天玉經外傳》、註解無極子著之《洞天秘錄》等。另有百多卷的著作已失散。

蔣大鴻先師的門人有：江蘇丹陽之張考廉（字仲馨號野溪）、會稽之（今紹興）姜垚（汝皋）、江蘇丹徒之駱考廉（士鵬）、山陰（今紹興）之呂相烈（衡卿）、呂文學、武陵之胡泰徵、淄川之畢解元（世持）、于鴻猷（辰遠）、于鴻義（因仁）、沈億年（秬丞）、周績賢（履道）、王錫礽（永台、元令，蔣氏祖母之姪孫）蔣懷淇（蔣氏嫡宗長房）、蔣翼明（蔣氏從叔）、蔣雯翯（翯音鶴，潔白肥潤之意，是蔣氏同曾祖弟）⋯⋯ 等人。

繼大師寫於香港明性洞天

辛巳年仲秋吉日　甲午孟冬補寫

戊戌仲春修改　庚子季秋再修訂

《華亭縣誌》

蔣大鴻（平階）生平在《葉榭鎮縣誌》有記錄，原錄于《華亭縣誌》，筆者繼大師錄之如下：

蔣平階（蔣大鴻）初名雯階，字大鴻。居張澤鎮。爾揚猶子。嘉善籍諸生。崇禎間。在幾社有聲。乙酉（1645年）**亡去赴閩。唐王授兵部司務。晉御史劾鄭芝龍。跋扈人咸壯之。閩破。服黃冠亡命。假青烏術游齊、魯、轉徙吳越。樂會稽山水。遂止焉卒。遺命葬若耶之樵風涇。平階少從陳子龍游。**（陳子龍在清乾隆間，追謚忠裕。）**詩文詳贍典麗。凡天文、地理、陰陽曆數諸書。洞究無遺。尤諳兵法。時遇權閹。未展所學。晚益精堪輿。著書以傳世。康熙間。**（己未鴻詞）**有欲以博學鴻詞薦者。大鴻亟止之。好談幾社軼事，感慨跌蕩。涕淚隨之。聞者哀其志焉。弟雯霱。字姬符。諸生。篤於孝友。能文。楊肅、章馘皆重之。平階子無逸。工書畫，卒於廣東。**

繼大師註：蔣大鴻之文學老師為陳子龍（1608年－1647年），字臥子，號軼符，晚號大樽，明末政治人物、詩人，直隸松江府華亭縣人（今上海市松江區），精於詩詞歌賦及古典文學，明朝崇禎十年一六三七進士，選為紹興市掌理司法的官員。一六四四年北京失陷，南方擁立了福王朱由崧弘光皇帝為繼承人，乃事福王於淮安，因屢次進諫不聽而退休。

陳子龍與同邑夏允彝兩人名氣頗大，夏允彝死，陳子龍念祖母年九十，不忍分離，後出家為僧，南明魯王朱以海（魯肅王）受王部院職，後在太湖招兵反清，事敗被擒獲，其間抱着清兵投水而同歸於盡，時為永歷元年（公元一六四七）年四十。清乾隆年間，追謚忠裕。著有《陳忠裕全集》，後附詩餘一卷。陳子龍詞原有湘真閣、江離檻兩種，早經散佚，今所傳為王昶輯本，武進趙氏匯刻明詞，亦曾收入。詞學衰於明代，至陳子龍出，宗風大振，開三百年來詞學中興之盛。

《本篇完》

張心言地師生平簡介及《地理辨正疏》之流源

繼大師

張心言，字綺石，生年不詳，約「乾隆末至嘉慶初」年間出生，（乾隆：1711年－1799年。嘉慶：1796年－1820年。）活躍於道光年間，（道光：1821年－1850年。）祖籍江蘇海鹽，後居橫山，（今之常州市東南17公里之橫山橋村。）

張氏年幼時是孤兒，長大之後，想找風水吉地將雙親造葬，於是決心學習風水。在研究了山川形勢廿多年後，對於穴地形勢之真假，一看便知，但對於墳穴之立向功夫，始終捉摸不定。於是遍遊八閩、江西、江南各省勘察名墓，尋訪各處風水高人隱士。

（**繼大師註**：「八閩」是福建省的別稱，福建省在元代分福州、興化、建寧、延平、汀州、邵武、泉州、漳州八路，明改爲八府，故有八閩之稱。）

張氏後得蔣大鴻《洩天機卅六訣》，始悟得三元易卦風水真諦，無疑無惑。

（**繼大師註**：坊間有署名無際山人於 1982 壬戌年著《三元玄空大卦祕傳》，並於 1986 丙寅年由武陵出版出版。據說原著是明代孫長庚國師所寫，後來經人修改。

書中第67頁內有提及在清末廣東梅縣大埔堪輿明師劉仙舫在一九〇八年戊申年所著之《元空真祕》一書內。

據筆者繼大師所知，此祕本內有《洩天機卌六訣》的部份口訣，另外還有鐘義明註解《玄空大卦祕訣破譯》為明朝國師孫長庚所著。）

張氏自此回鄉之後，與朱爾謨、徐芝庭、崔止齋、潘景祺等志同道合之士，朝夕鑽研風水卦理，並深信風水易理，不外乎方圖及圓圖，並發覺宋代邵康節先生所著的《皇極經世》是由易卦圖象推算而來，他再覆核《天玉經》等各經之說，無非是弘揚及發揮易經之理。

他研究蔣大鴻註解黃石公、赤松子、楊筠松、曾求己等名家所說的風水經典，由於蔣氏傳註《地理辨正注》內等諸經，有《青囊經》、《青囊序》、《青囊奧語》《天玉經》、《都天寶照經》，他發覺經內字字珠璣。

張心言先生既得蔣氏三元風水卦理真傳，但懼怕日後失傳，故將《地理辨正注》逐一疏解，說明易學之理，更將朱爾謨、除芝庭、崔止齋等道兄的部份易卦理論加入註解內容內，在書末卷的〈附考〉內，有引述孔穎達先生所說的易理，張氏不敢一人獨得，故說出其部份秘密，公諸同好。

張氏認為風水地理難勝天理，求穴地要修德，否則未必得到，或因此而臨時放棄，或穴地遭到破壞。並相信天道之理，在於福善禍淫，全由卦理易數演繹。

在清初期間，盛傳三合偽法，蔣大鴻先師在民間遍尋風水秘本，為了辨偽，於是著《地理辨正注》一書。在道光七年丁亥春（公元一八二七年）張心言地師將蔣大鴻先生註解的《地理辨正注》在卷首加上卦象圖表，有「先後天八卦、六十四卦橫圖、三元六十四卦內外盤及方圓圖」等，再加上「八宮卦序歌、卦運圖、挨星圖、七星打劫圖、父母子息順子局及逆子局各四十八局圖、手盤圖式、六十四卦口訣。」

張氏又在卷末〈叢說〉內撰寫〈三合源流〉、〈三元偽法〉及〈形理總論〉等文章，以續蔣氏辨偽之路，書名改為《地理辨正疏》，朱栻之先生撰寫序文於卷首，其姪兒張南珍先生作跋文於書後，並將三元風水易卦作有限度的公諸於世，此書版本流傳至今。

此書現時坊間有三個版本，分別是武陵出版社、瑞成書局及竹林書局發行，國內出版有多本繁體及簡體版本，甚至美國哈佛大學圖書館內，亦有收藏此版本書籍。

繼大師註：筆者繼大師於 1987 年開始隨恩師 呂克明先生學習三元易卦風水，第一本的理氣書籍就是《地理辨正疏》，是爲三元易卦理氣之根本理論，有黃石公、赤松子、楊筠松、曾求己、蔣大鴻、姜垚、張心言等名家的傳承。

坊間有很多《青囊經》、《青囊序》、《青囊奧語》《天玉經》、《都天寶照經》不同名家的註解。故曾求己著《青囊序》說：「**楊公養老看雌雄。天下諸書對不同。**」

筆者繼大師在深入研究易理之後，發覺由張心言地師疏解《地理辨正疏》諸經的版本，是一本最好的三元風水理氣書籍。雖然坊間有不少人批評張心言地師，尤以無常派為甚。

無常派以章仲山先生學說為首的另類三元派系，以無錫常州市為名，簡稱「無常派」，近代以孔昭蘇先生為代表者，此派稱張氏未得蔣氏真傳。在馬泰青著《三元地理辨惑》內〈第五十四問〉（榮光園有限公司出版第四十三頁至四十四頁）云：

「彼朱旭輪。乃無錫人。與章仲山同里。又先後俱是道光年間人。且是訣。非傳不會。雖蔣公尚稱其師爲無極子。彼二人著書。不言其師爲誰氏。已屬忘本之人。廣陵人曾向余言。章仲山遊維揚。巨族爭延之。徒手得謝禮萬餘金。不曾與人葬得好墳。乃熟於理氣。而昧於形勢者也。是以因章而疑朱。恐其僅知挨星之法。而昧於形勢耳。」

事實上風水之真訣，在於形勢及理氣上的配合，兩者不能捨其一，若章仲山先生只懂理氣而不精於形勢，則造葬時仍然會出錯。以得真口訣的人來說，真假亦毋須爭辯，真訣可在風水造葬的証驗上而得到答案，使真偽立判，惟有緣而又具善根者得之。

繼大師寫於香港明性洞天

庚子年孟秋吉日

(一) 地理辨正疏序 ── 朱栻之

國朝藝術之學。超越前代者二家。醫則吳江徐洄溪。相墓宅則華亭蔣大鴻也。洄溪之學。內經而下。惟推仲景一人。雖秦越人。不免致疑。而丹溪東垣。直視如洪水猛獸焉。

大鴻之學。惟尊筠松一人。雖曾文辿僅因筠松以存。而廖瑀、賴文俊、何溥視之蔑如焉。栻(朱栻之)以術家多相輕。正之家大人。

家大人曰。理明則辭達爾。無觀其學也。觀其文焉可已。元機辨惑鈎元。有洄溪之條達乎。

靈城九星催官。有大鴻之明辨乎。吁此四庫於洄溪之書經釋醫貫砭外。收錄無遺。地理辨正。雖以平階未沒不登。而於玉尺經存目內附載其旨。謂所糾不得謂吹索。

聖論煌煌。誠千秋之定議歟。惟是洄溪之書。明暢無遺旨。而大鴻之書。不欲甚洩天機。讀而誤人者。因復不少。姻家張子心言取而疏之。使八神四一之真訣不至成謎語。然則大鴻者。楊氏之功臣。是疏者。又大鴻之功臣矣。

惟是書之所言法而巳。善觀地者。在觀其神。得其神而龍脈清長。砂水縈洄。雖不盡合乎法。不害為吉壤。不得其神而泥乎法。吉者或反為凶。是又在臨地之能辨之。余於地理甚疏。質之張子然乎否乎。

道光七年丁亥夏日姻愚弟朱栻之頓首拜撰（1827 年）

《本篇完》

（二）地理辨正原序——蔣平階

通三才之道曰儒。故天官地理皆學士家。窮理之本業。而象緯之學。正三統測災祥。屬有國家者之事。獨地理為養生送死生民日用所急。孝子慈孫尤不可以不謹。

宋儒朱蔡諸賢。間有發明見於性理書中者。班班可攷。顧僅能敷陳梗概。而未究其精微。或者進而求之通都所布管郭諸書。雖其言鑿鑿。而去之逾遠。斯其為道顯而隱。誠所謂間世一出。非人不傳者耶。

余少失恃。壯失怙。先大父安溪公早以形家之書孜孜手授。久而後知俗學之非也。思窮徑絕。迺得無極子之傳於游方之外。習其所傳又十年。

所於是遠溯黃石青烏。近考青田幕講。彼其言蓋人人殊。而厥旨則一。且視天下山川土壤。雖大荒。內外亦如一也。

其庶乎地學之正宗在是。輒欲舉其説以告學者。又不容顯言無已。則取當世相傳之書。訂其紕繆而析其是非。使言之者無罪。而聞之者有所懲戒。而不至於亂。辨正之書所以作也。

夫地學之有書。始於黃石。盛於楊公。而世所惑溺而不可卒解者。則莫甚於玉尺。故論斷諸書彙為一編。其俎豆之與爰書。皆以云救世。

于姜諸子問業日久。經史之暇。旁及此編。豈好事哉。我得此道以釋憾於我親。從我遊者。皆有親也。姜氏習是編而遽梓之以公世。其又為天下後世之有親者加之意歟。允哉儒者之用心也已。

《本篇完》

（三）地理辨正疏自序——張心言

易曰。仰以觀於天文。俯以察於地理。遂開後世地理一門。夫易廣大悉備。地理實易之一端。故離乎易以言地理者。咸非詣也。地理有巒頭理氣二端。其源本無不合。巒頭書類皆明白曉暢。後有作者皆前人唾餘。而理氣自唐一行僧譔偽書。真傳遂隱迨。楊筠松乘黃巢亂。竊內府之秘以遯。當時固未敢顯言。所著天玉諸書。每借羅經二十四字為易理六十四卦說法。引而不發。索解人而不得。雲間蔣平階確有所見。集諸書註辨正五卷。然仍作隱語。不露真旨。

余幼孤。稍長。欲營兩世窀穸。從事於巒頭者二十年。地之真偽可以立辨。而定穴立向覺此中有捉摸不定處。遂徧遊八閩、江西、江南諸省。歷驗名墓。兼訪諸山林隱逸。得其緒餘。始悟真詮。恍若夜行得燈。更盡見日。

返而與朱丈爾謨、徐君芝庭、崔君止齋。因端竟委。日加研究。深信地理不外易理方圓兩圖。邵子皇極經世。由此而推也。覆按天玉諸經。說元說妙。無非闡發易理。蔣子傳註。旁引曲喻。都所發明。亦復一字一珠。莫可移易。

余既得真傳。懼後世之久而失傳。咎有攸歸。遂不揣固陋。取辨正一書逐一疏解。庶幾正理克明。偽說不攻而自破也。躬逢國朝經學昌明。恭讀御纂周易折中。發前賢之未發。為後學之津梁。

易理由是著明。而地理亦可旁悟。言敢一得自矜。故秘其說而不公諸同好乎。況地理難勝天理。求地而不修德。未必能得。即得之而臨時疑棄。否則或為後人開填所傷。是又勢之所必然也。天道福善禍淫。理在數先。地理亦何庸秘哉。

道光七年（公元一八二七年）丁亥春日横山張心言書於培杏書屋

《本篇完》

（四）《辨偽文》──蔣平階

僕弱冠失恃。先大父安溪公命習地理之學。求之十年。而始得其傳。乃以所傳。遍證之大江南北古今名墓又十年。而始會其旨。從此益精求之又十年。而始窮其變。而我年則已老矣。姚水親隴告成。生平學地理之志已畢。自此不復措意。夫豈不欲傳之其人。然天律有禁。不得妄傳。苟非忠信廉潔之人。未許與聞一二也。

丹陽張孝廉仲馨。丹徒駱孝廉士鵬。山陰呂文學相烈。會稽姜公子垚。武陵胡公子泰徵。淄川畢解元世持。昔以文章行業相師。因得略聞梗概。此諸君子。或丹穴鳳雛。或青春鶚薦。皆自置甚高。不可一世。蓋求其道以庇本根。非挾其術以為壟斷。故能三緘其口。不漏片言。庶不負僕之講求爾。

若夫中人以下。走四方求衣食者。僕初未嘗不憐之。然欲冒禁而傳真道。則未敢許也。至於僕之得傳。有訣無書。以此事貴在心傳。非可言罄。古書充棟。半屬偽造。

故有辦正一書。昌言救世。後復自言所得。作天元五歌。然皆莊蒙。所謂糟粕。必求其精微。則亦不在此也。此外別無秘本。私為一家之書。

近聞三吳兩浙。都有自稱得僕真傳。以自衒鬻者。亦有自撰偽書。指為僕之秘本。以簪惑後學者。天地之大。何所不容。但恐偽託之人。心術鮮正。以不正之術。謀人身家。必誤人之身家。以不正之書。傳之後世。必貽禍於後世。僕不忍不辨。惟有識者察之。

《本篇完》

（五）《地理辨正疏》凡例（七項）——張心言著

（一）是書每有前後兩說不同處。如八卦陰陽。就陽卦多陰。陰卦多陽而論。則以「乾☰、震☳、坎☵、艮☶」為陽。「坤☷、巽☴、離☲、兌☱」為陰。就四正四隅卦爻動靜而論。則以「乾☰、坤☷、坎☵、離☲」為陽。「震☳、巽☴、艮☶、兌☱」為陰。一論對待。一論流行。非相悖也。

（二）楊曾非不能文。而故作俚鄙語。如「翻天倒地」。「關天關地」。「顛顛倒」。「團團轉」。「看雌雄」。「去打劫」。愈淺愈深。閱者切勿略過。宜從此等句著眼悟入。

（三）卷中有時論龍即是水。水即是龍。有時說龍是龍。說水是水。惟砂亦然。有時不取砂。有時極重砂。惟考其不同以驗其同。乃為得之。

（四）經傳序語俱作隱謎。六十四卦不露隻字。其中有關動卦理句語顯豁者。加以雙圈。見所疏並非穿鑿。而於蔣子《平砂玉尺辨偽》〈卷中〉借點六十四卦數語。亦以雙圈別之。以醒全部眉目，而拙疏加圈。係朱爾謨、崔止齋手定。

（五）所疏並無贅義。惟地圖從略。而起運之由。亦未明暢。然俱已言下畢露，非秘也。欲學者深求得之。庶免空習皮毛之病。

（六）讀是書宜先讀古本巒頭諸書。即近出《山洋指迷》。亦頗醇正可觀。尤宜多方臨地。擴充眼界。然後將此書實按深求。以要其成。不然躐等而進。會中了然。目中茫然。何異畫虎不成。

（七）卷中稱疏者。所以疏蔣氏傳註。以發明經旨也。稱補註者。所以補傳註遺義。以發明經旨也。而以《地理辨正疏》名書者。見是書。總以發蔣氏引而不發之機。其有補註。亦以宣蔣氏秘而不宣之奧。是以仍其名。而以「疏」字。括其大旨也。

《本篇完》

（六）《地理辨正疏》卷首圖說

海鹽張心言綺石述

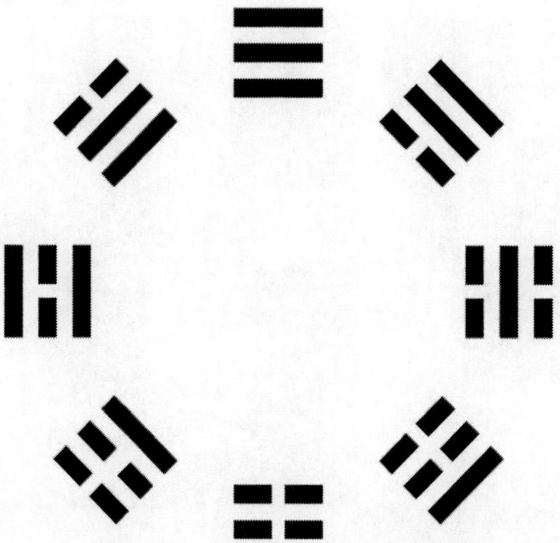

先天八卦

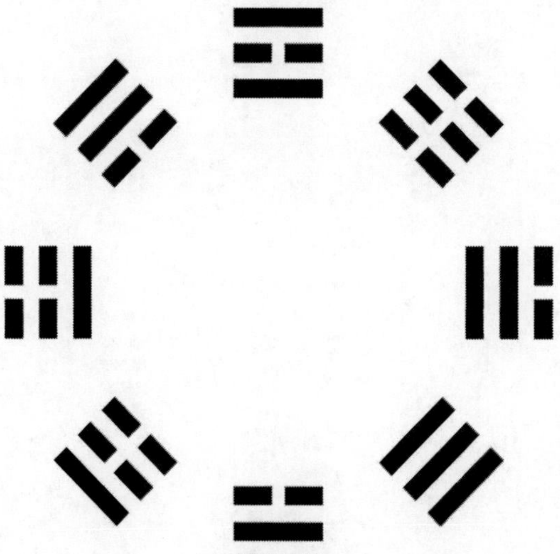

後天八卦

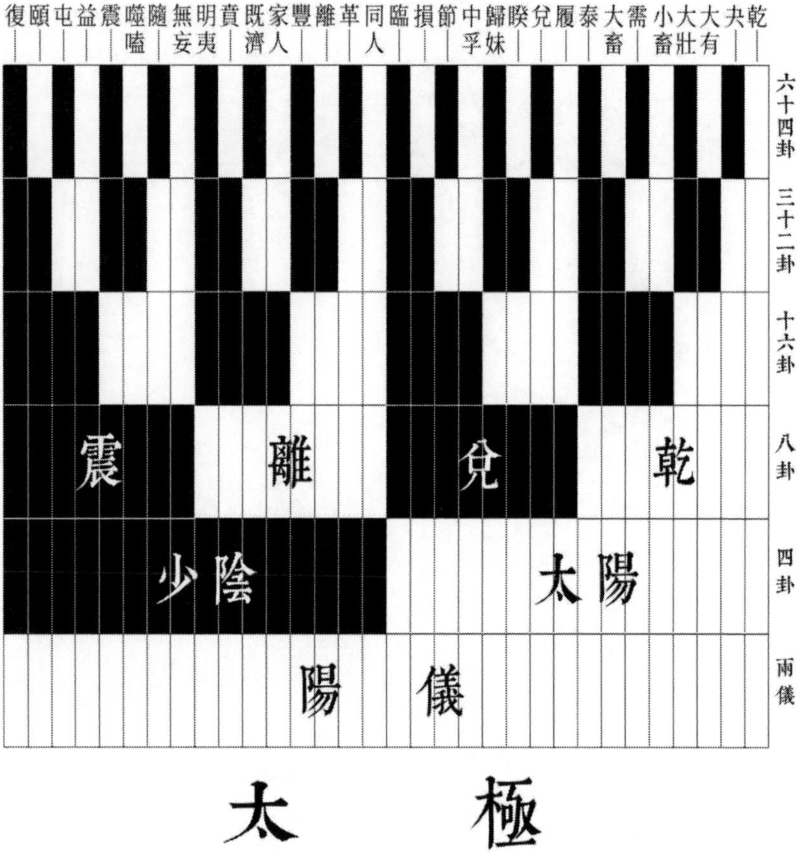

橫圖中之白格。陽爻也。黑格。陰爻也。自乾䷀至復䷗。初爻皆陽。為陽儀。自姤䷫至坤䷁初爻皆陰為陰儀。而上爻則一陰一陽相間。於此可翫（翫音環，意為：玩）對待流行之義。

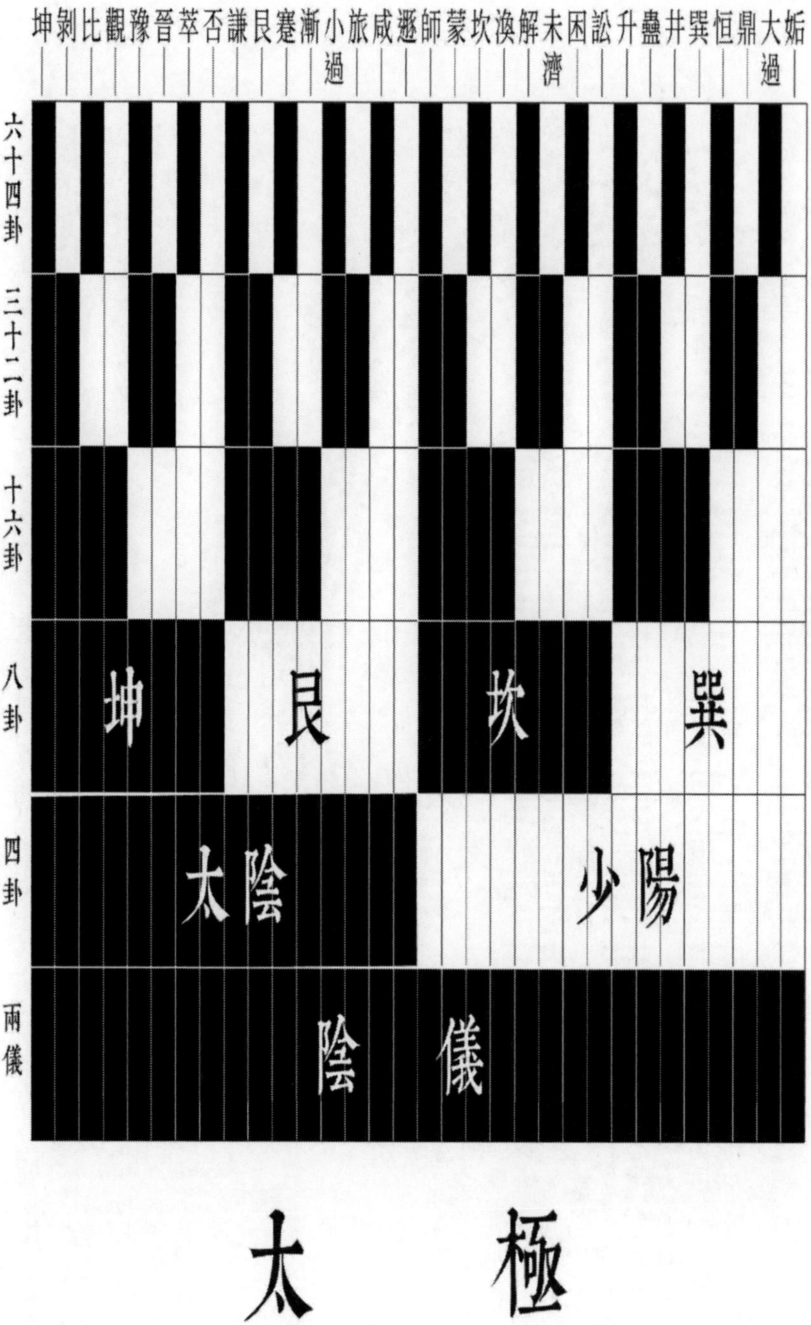

坤剝比觀豫晉萃否謙艮蹇漸小過旅咸遯師蒙坎渙解未濟困訟升蠱井巽恒鼎大過姤
六十四卦
三十二卦
十六卦
八卦
坤
艮
坎
巽
四卦
太陰
少陽
兩儀
陰儀
太極

邵氏所得陳希夷子方圓兩圖

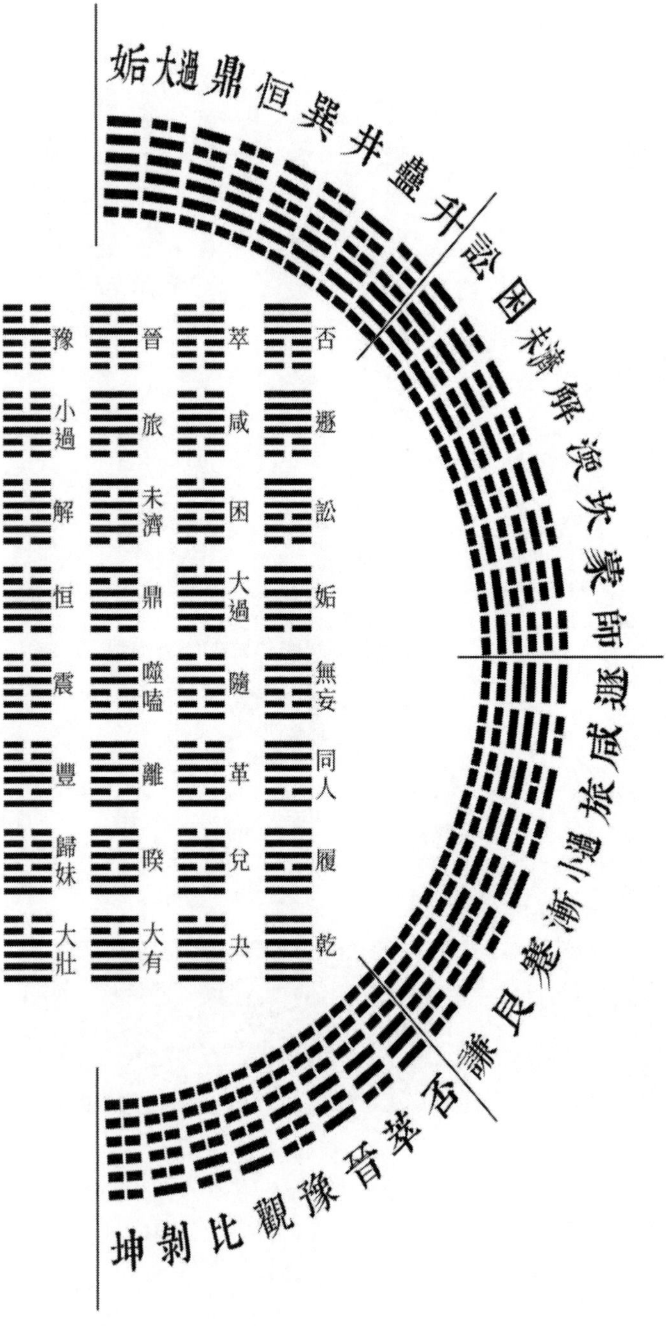

朱子曰。此圓圖布者。乾盡午中。坤盡子中。離盡卯中。坎盡酉中。陽生於子中。盡於午中。陰生於午中。極於子中。其陽在南。其陰在北方。

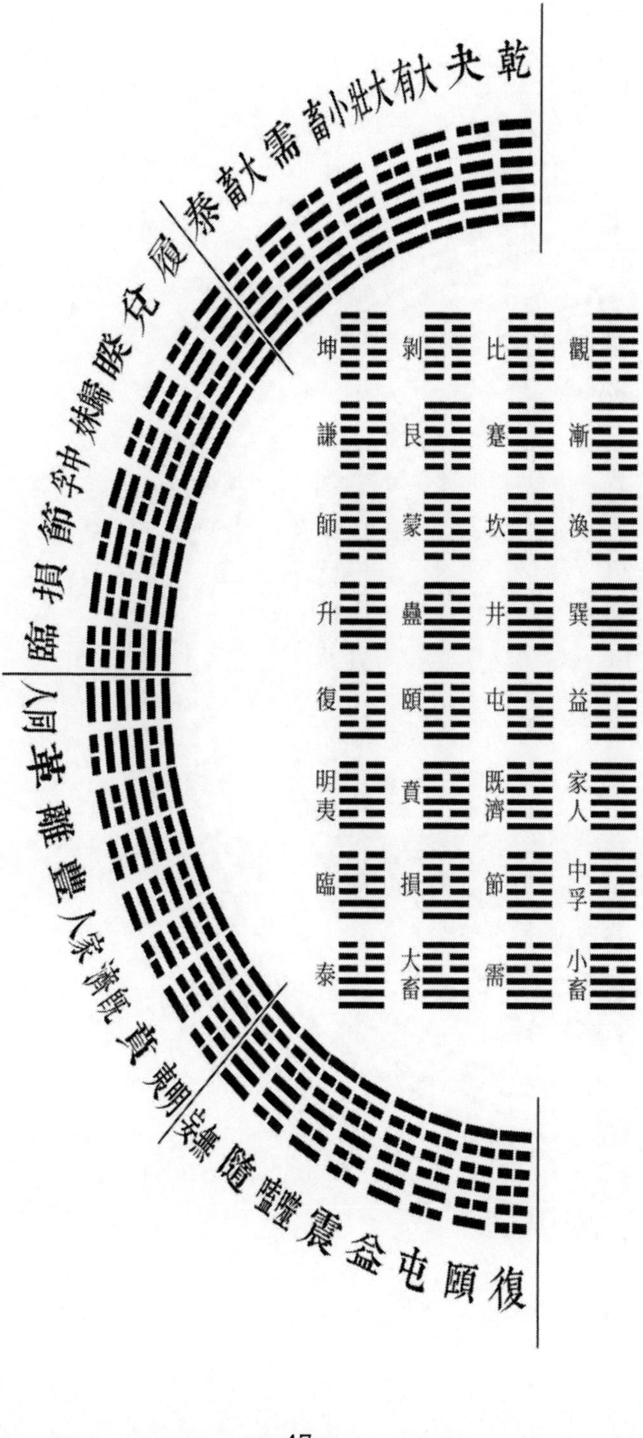

圖者乾始於西北。盡於東南。其陽在北。其陰在南。此二者陰陽對待之數。圓於外者為陽。方於中者為陰。圓者動而為天。方者靜而為地者也。

內層方圖化圓

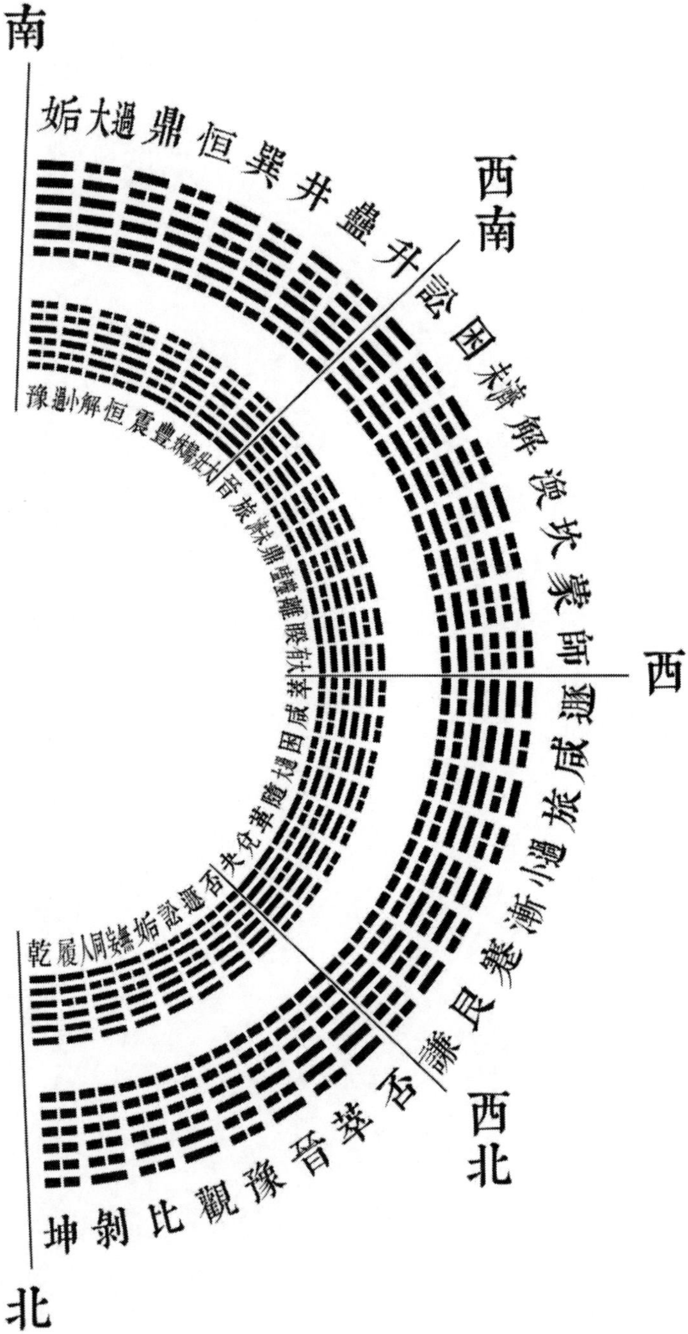

邵伯溫曰。乾兌離震。在天為陽。在地為剛。在天則居東南。在地則居西北。

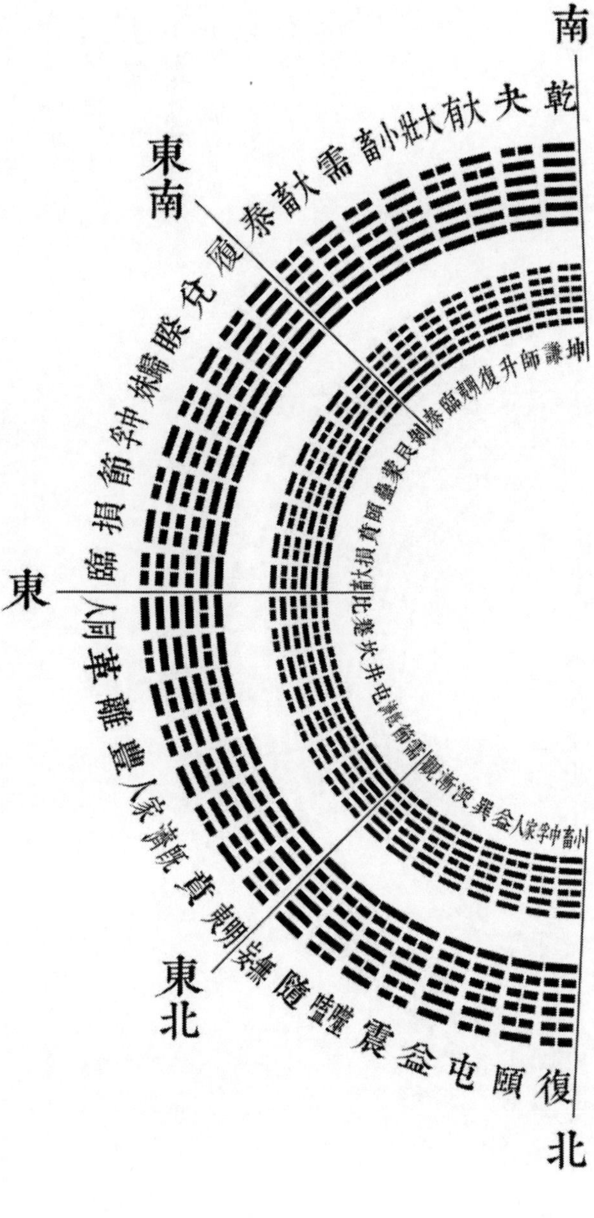

巽坎艮坤在天為陰。在地為柔。在天則居西北。在地則居東南。陰陽相錯。天文也。剛柔相交。地理也。

方圓圖合看而一九之父母卦見焉。

天地為否。上乾下坤也。

澤山為咸。上兌下艮也。

火水未濟。上離下坎也。

雷風為恆。上震下巽也。

風雷為益。上巽下震也。

水火既濟。上坎下離也。

山澤為損。上艮下兌也。

地天為泰。上坤下乾也。

圓圖之內三爻。方圖之外三爻。八宮配成泰、損、既、益、恆、未、咸、否。八卦圖中之黑字是也。

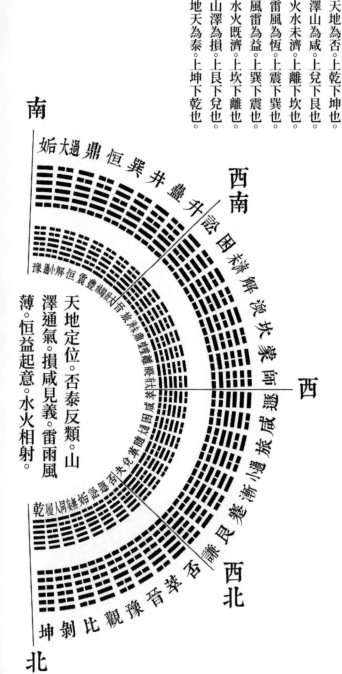

內坤而外乾交而成否
內艮而外兌交而成咸
內坎而外離交而成未濟
內巽而外震交而成恆
內震而外巽交而成益
內離而外坎交而成既濟
內兌而外艮交而成損
內乾而外坤交而成泰

南
東南
東
東北
北
既濟未濟。四象相交。成十六事。八卦相盪。為六十四。宋邵子。

乾宮乾卦不變。乾與坤對。
兌宮中孚卦不變。中孚與小過對。
離宮離卦不變。離與坎對。
震宮頤卦不變。頤與大過對。
巽宮大過不變。大過與頤對。
坎宮坎卦不變。坎與離對。
艮宮小過不變。小過與中孚對。
坤宮坤卦不變。坤與乾對。
其卦有對無反。其餘有對有反。
每宮各有一卦不動。故云七星打劫也。

圓圖之外三爻。方圖之內三爻。每宮各得泰、損、既、益、恆、未、咸、否。八卦圖中之紅字是也。其分填紅黑爻卦。名係徐芝庭添入。

一六四九雙雙起。夬姤剝復顛顛倒。往來闔闢團團轉。卦象順逆爻爻到。

一陽之復。生二陰之遯。二陽之臨。生三陰之否。三陽之泰。生四陰之觀。四陽之遯。生五陰之復。五陽之夬。生六陰之坤。巳為乾卦。六陽之巳。生一陽之復。午為姤卦。一陽之姤。生二陽之臨。未為遯卦。二陰之未。生三陽之泰。申為否卦。三陰之申。生四陽之大壯。酉為觀卦。四陰之酉。生五陽之夬。戌為剝卦。五陰之戌。生二陽之臨。亥為坤卦。六陰之亥。生一陰之姤。右過陰儀。左過陽儀。

六十四卦不外「乾、兌、離、震、巽、坎、艮、坤」八卦也。自乾至復四宮。其外三爻以「乾、兌、離、震、巽、坎、艮、坤。」順加。所謂：「陽從左邊團團轉也。」

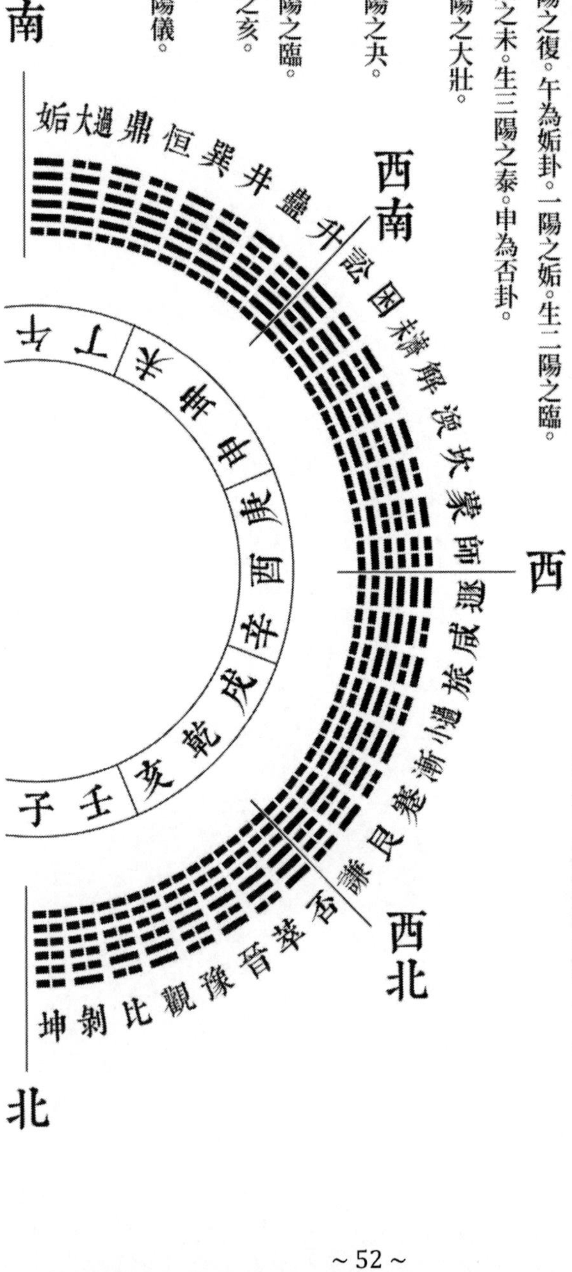

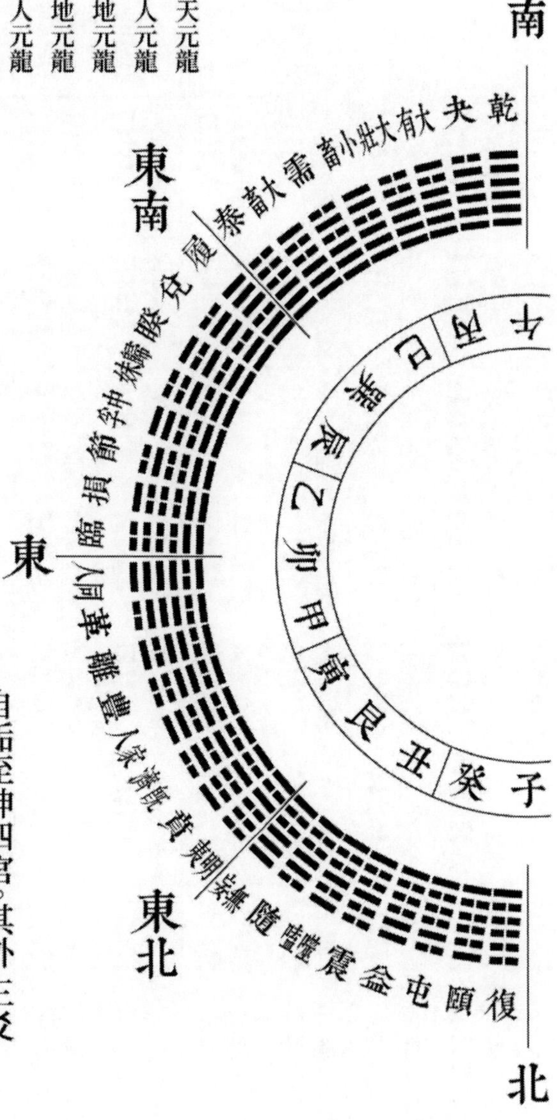

一九為貪狼弼
為父母南北卦

二為巨　江西卦天元龍
三為祿　江西卦人元龍
四為文　江西卦地元龍
六為武　江東卦地元龍
七為破　江東卦人元龍
八為輔　江東卦天元龍

一是貪　九與貪為一例
二是巨　八與巨為一例
七是破　三與破為一例
六是武　四與武為一例

自姤至坤四宮。其外三爻以「乾、兌、離、震、巽、坎、艮、坤。」逆加。所謂：「陰從右路轉相通也。」

八宮卦序歌

上卦 \ 下卦	乾九	兌四	離三	震八	巽二	坎七	艮六	坤一
天九	乾為天	天澤履	天火同人	天雷無妄	天風姤	天水訟	天山遯	天地否
澤四	澤天夬	兌為澤	澤火革	澤雷隨	澤風大過	澤水困	澤山咸	澤地萃
火三	火天大有	火澤睽	離為火	火雷噬嗑	火風鼎	火水未濟	火山旅	火地晉
雷八	雷天大壯	雷澤歸妹	雷火豐	震為雷	雷風恆	雷水解	雷山小過	雷地豫
風二	風天小畜	風澤中孚	風火家人	風雷益	巽為風	風水渙	風山漸	風地觀
水七	水天需	水澤節	水火既濟	水雷屯	水風井	坎為水	水山蹇	水地比
山六	山天大	山澤損	山火賁	山雷頤	山風蠱	山水蒙	艮為山	山地剝
地一	地天泰	地澤臨	地火明夷	地雷復	地風升	地水師	地山謙	坤為地

一運八卦為一之一。為貪狼。
亦為弼星。為南北八神。為父母卦。

對卦反卦圖

二運八卦為一之二。為巨門。
為江西卦。為天元龍。

大壯與無妄反
睽與革反
觀與升反
蹇與蒙反

雷天大壯 天雷無妄
火澤睽 澤火革
地風升 風地觀
山水蒙 水山蹇

繼大師註：反卦即覆卦，為上下卦對調，任何一個卦在對調後與本卦均屬同運卦，此法為挨星法之一種。

三運八卦為一之三。為祿存。
為江西卦。為人元龍。

對卦反卦圖

雷山小過　山雷頤
地火明夷　火地晉
天水訟　水天需
風澤中孚　澤風大過

需與訟反
中孚與大過反
明夷與晉反
頤與小過反

四運八卦為一之四。為文曲。
為江西卦。為地元龍。

火風鼎　風火家人
雷水解　水雷屯
山天大畜　天山遯
地澤臨　澤地萃

大畜與遯反
臨與萃反
家人與鼎反
屯與解反

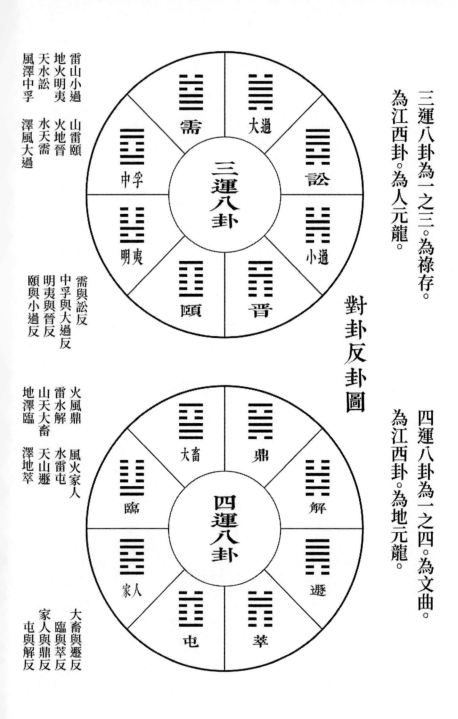

六運八卦為一之六。為武曲。為江東卦。為地元龍。

對卦反卦圖

水風井 風水渙
地山謙 山地剝
澤天夬 天澤履
雷火豐 火雷噬嗑

夬與履反
豐與噬嗑反
剝與謙反
渙與井反

七運八卦為一之七。為破軍。為江東卦。為人元龍。

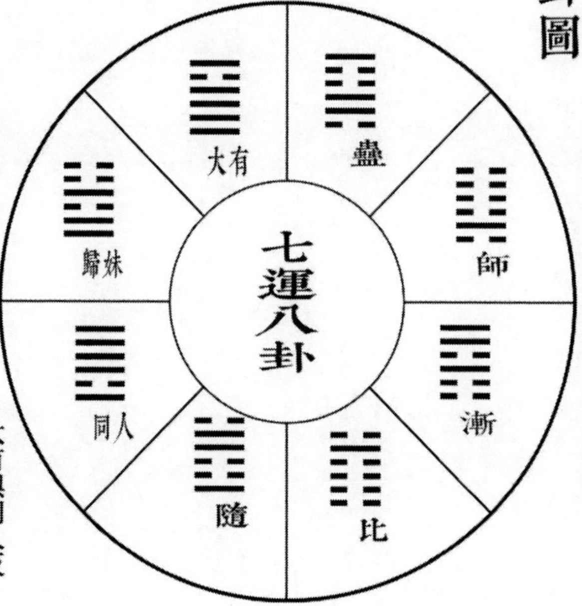

山風蠱
地水師
火天大有
雷澤歸妹

風山漸
水地比
天火同人
澤雷隨

大有與同人反
歸妹與隨反
比與師反
漸與蠱反

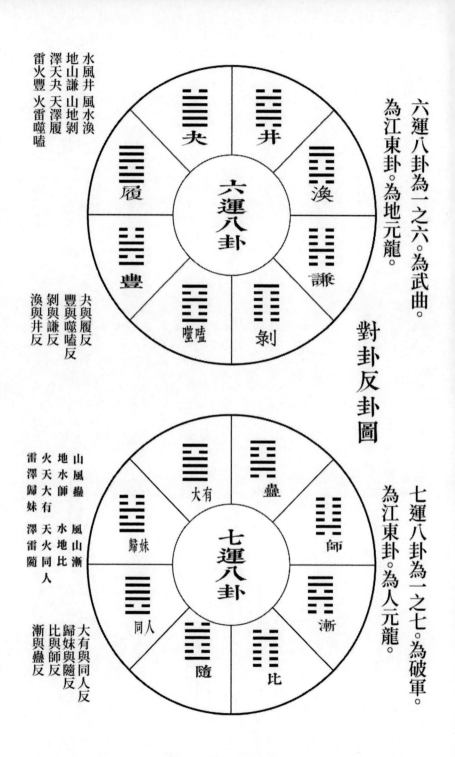

八運八卦為一之八。為輔星。為江東卦。為天元龍。

對卦反卦圖

九運八卦為一之九。為弼星。亦為貪狼。為南北八神。為父母卦。

火山旅 山火賁
地雷復 雷地豫

風天小畜 天風姤
水澤節 澤水困

小畜與姤反
節與困反
旅與賁反
復與豫反

風雷益 雷風恆
水火既濟 火水未濟
天地否 地天泰
澤山咸 山澤損

泰與否反
損與咸反
既濟與未濟反
益與恆反

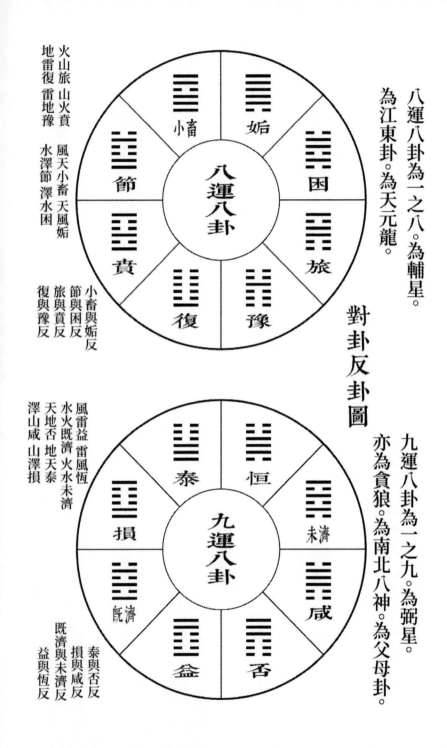

挨星口訣一、九運

甲癸申貪狼一路行。非盡貪狼而與貪狼為一例。

繼大師註：一運貪狼父母八卦，加上九運弼星父母八卦，共十六個卦，一、九兩運之卦，各自混入兩圖表內。

繼大師註：二運巨門八卦，加上八運左輔八卦，共十六個卦，二、八兩運之天元卦，各自混入兩圖表內。

挨星口訣二、八運　坤壬乙巨門從頭出。非盡巨門而與巨門為一例。

挨星口訣三、七運

艮丙辛位位是破軍。非盡破軍而與破軍為一例。

繼大師註：三運祿存八卦，加上七運破軍八卦，共十六個卦，三、七兩運之人元卦，各自混入兩圖表內。

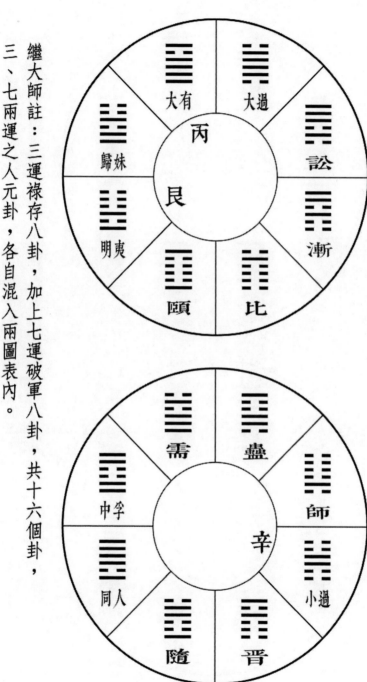

繼大師註：四運文曲八卦，加上六運武曲八卦，共十六個卦，四、六兩運之地元卦，各自混入兩圖表內。

挨星口訣四、六運

巽辰亥盡是武曲位。非盡武曲而與武曲為一例。

八宮各有一卦無反對。為本宮之主卦。此盤是也。

每宮各有一卦不動。故只云七星去打劫也。

對卦（錯卦）反卦（綜卦）圖

繼大師註：不動卦即綜卦（倒轉看）其本卦卦像不變，每宮各有一個不動卦，為：

乾宮 — 乾卦
兑宮 — 風澤中孚卦
離宮 — 離卦
震宮 — 山雷頤卦
巽宮 — 澤風大過卦
坎宮 — 坎卦
艮宮 — 雷山小過卦
坤宮 — 坤卦

另外「乾、坤、坎、離」四卦在覆卦時（上下卦對調）亦是卦象不變。

革去故也。鼎取新也。屯見而不失其居。蒙雜而著。

對卦（錯卦）反卦（綜卦）圖

大壯與觀對。與遯反。

臨與遯對。與觀反。

革與蒙對。與鼎反。

屯與鼎對。與蒙反。

觀與大壯對。與臨反。

遯與臨對。與大壯反。

蒙與革對。與屯反。

鼎與屯對。與革反。

大壯則止。遯則退也。臨觀之義。或與或求。

震者動也。物不可以終動。止之故受之以艮。晉者進也。進必有所傷。故受之以明夷。

對卦（錯卦）反卦（綜卦）圖

訟與明夷對。與需反。
艮與兌對。與震反。
晉與需對。與明夷反。
巽與震對。與兌反。
需與晉對。與訟反。
兌與艮對。與巽反。
明夷與訟對。與晉反。
震與巽對。與艮反。

需者飲食之道也。飲食必有訟。故受之以訟。

巽者入也。入而後說之。故受之以兌。

萃聚而升不來也。解緩也。蹇難也。

對卦（錯卦）反卦（綜卦）圖

大畜與萃對。與無妄反。
睽與蹇對。與家人反。
家人與解對。與睽反。
無妄與升對。與大畜反。
萃與大畜對。與升反。
蹇與睽對。與解反。
解與家人對。與蹇反。
升與無妄。與萃反。

有旡妄然後可畜。故受之以大畜。睽外也。家人內也。

剝爛也。復反也。豐多故。親寡旅也。

對卦（錯卦）反卦（綜卦）圖

夬與剝對。與姤反。

節與旅對。與渙反。

豐與渙對。與旅反。

復與姤對。與剝反。

剝與夬對。與復反。

旅與節對。與豐反。

渙與豐對。與節反。

姤與復對。與夬反。

夬者決也。決必有所遇。故受之以姤。渙離也。節止也。

咸速也。恆久也。比樂師憂。

大有眾也。同人親也。損益盛衰之始也。

對卦（錯卦）反卦（綜卦）圖

大有與比對。與同人反。
損與咸對。與益反。
同人與師對。與大有反。
益與恆對。與損反。
比與大有對。與師反。
咸與損對。與恆反。
師與同人對。與比反。
恆與益對。與咸反。

井通而困相遇也。謙輕而豫怠也。

小畜寡也。履不處也。噬嗑食也。賁旡色也。

對卦（錯卦）反卦（綜卦）圖

小畜與豫對。與履反。

履與謙對。與小畜反。

賁與困對。與噬嗑反。

噬嗑與井對。與賁反。

豫與小畜對。與謙反。

謙與履對。與豫反。

困與賁對。與井反。

井與噬嗑對。與困反。

隨旡故也。蠱則節也。漸者進也。進必有所歸。故受之以歸妹。

對卦（錯卦）反卦（綜卦）圖

否與泰對。亦反。
歸妹與漸對。亦反。
既濟與未濟對。亦反。
隨與蠱對。亦反。

否泰反其類也。故受之以既濟。故受之以未濟終焉。

繼大師註：此四對卦的關係非常特別，「否與泰」及「既濟與未濟」，其關係是錯卦及綜卦，同時又是覆卦。其上下卦關係為天地水火，屬「乾、坤、坎、離」四陽卦，又是四正卦。

「歸妹與漸」及「隨與蠱」其關係是錯卦及綜卦。「歸妹與隨」及「漸與蠱」互為覆卦關係。其上下卦關係為雷風山澤，屬「震、巽、艮、兌」四陰卦，又是四隅卦。

右二十四圖。同里徐瑞芝庭述。吳門潘景祺斗齊曰：前八圖分清上中下三元九運。原圖之所自。即從邵子十六卦。說朱子三十二圖說。推出於乾。為天卦歌及八宮卦序。歌中每宮各取一卦。一絲不亂。所謂八卦只有一卦通也。

繼大師註：三元九運分「上元、中元、下元」一般是小三元元運，每一元運有廿年，繼大師列之如下：

上元一運貪狼，二運巨門，三運祿存，共六十年。
中元四運文曲，五運廉貞，六運武曲，共六十年。
下元七運破軍，八運左輔，九運右弼，共六十年。

邵子（邵康節）十六卦即是一運貪狼及九運右弼卦：

「乾䷀、兌䷹、離䷝、震䷲、巽䷸、坎䷜、艮䷳、坤䷁。地天泰䷊、山澤損䷨、水火既濟䷾、風雷益䷩、雷風恒䷟、火水未濟䷿、澤山咸䷞、天地否䷋。」

「朱子三十二圖說」即是三元易盤羅盤之天盤內的陽儀及陰儀各三十二卦。

芝庭曰：中八圖。即從分運圖推出。取兩運合十。如八運八卦。各交通初爻。為天元二運八卦。各交通二三兩爻。亦為天元。用二八運中合十兩卦。則二爻具通矣。所謂：「坤壬乙。巨門從頭出。非盡巨門。而與巨門為一例也。」後八圖。又從合十圖推出。分運合十兩圖。未足以盡地之變。則反對圖尚矣。

繼大師註：徐芝庭說，八運八個卦各爻通初爻，二運八個卦各爻通二三兩爻，均屬於「天元卦」。兩圖均為合十卦運，即是「錯卦」（合十之夫婦卦），「卦反」即是「覆卦」，「爻反」者即「綜卦」也（本卦倒轉看），疏者張心言地師認為卦圖未能解釋得清楚，故再舉例說明。

如一水從豫卦䷏來。一水從小畜䷈來。更有一水從姤卦䷫來。一水從復卦䷗來。豫䷏與小畜䷈。復䷗之與姤䷫。各為同運對待之卦。而復䷗為豫䷏之卦反。姤䷫為小畜䷈之卦反。則四卦又屬一氣相通。倘一水從豫卦䷏來。一水從大壯䷡來。便是合十。或更有一水從遯卦䷠來。一水從謙卦䷎來。遯䷠為大壯䷡之爻反。謙䷎為豫卦䷏之爻反。再合卦反。兩卦是一局。有六水可收。

所謂：「水上排龍點位裝。兄弟更子孫」也。

繼大師註：一水流從「豫卦䷏」（八運卦）來，一水流從「大壯䷡」（二運卦）來，便是合十卦運，或有一水流從「遯卦䷠」（四運卦）來，一水從「謙卦䷎」（六運卦）來。「遯卦䷠」為「大壯卦䷡」之爻反（即是綜卦），「謙卦䷎」為「豫卦䷏」之爻反（即是綜卦）。

按潘（潘景祺）**徐**（徐芝庭）**說有所本。並非附會穿鑿。潘氏**（潘景祺）**說。與僕**（張心言）**所得方外說同。僕因作口訣上。俾學者便於記誦。徐氏**（徐芝庭）**說愈推愈密。層出不窮。盡中八圖。一與九通。二與八通。三與七通。四與六通。是前四運與後四運兼取互用。**

繼大師註：在八個圖中，一運與九運通，二運與八運通，三運與七運通，四運與六運通，是前四運（一、二、三、四運）與後四運（六、七、八、九運）兼取互用，同運為兄弟卦，合十運為輔助兄弟卦，一與九合十，二與八合十，三與七合十，四與六合十，八個元運共有四個組合，為楊公所說之「四神」也，「四神」中各取所需，兼取而互用，必須得明師真傳始可為之。

傳曰兼取者。先時補救之道。善後之良策也，後八圖。一與三通。二與四通。六與八通。七與九通。是前四運與後四運各歸一路。傳曰：一路者。當時直達之機。取勝之選鋒也。僕（張心言）**特參考舊聞。旁引成語。以為確證地有不盡此者。再參卷中。通變諸格。則地理卦理。度幾其無余蘊矣。**

繼大師註：「一與三通。二與四通。六與八通。七與九通。」即是「本卦」變三、四爻，及與「綜卦」的關係。

《本篇完》

（八）四十八順逆局及卦圖解說 — 張心言 — 繼大師註解

四十八局順子局

貪狼父母卦交生六子	乾	坤	坎	離	震	巽	艮	兌
子息卦六運武曲	澤天夬	山地剝	風水渙	雷火豐	火雷噬嗑	水風井	地山謙	天澤履
子息卦七運破軍	火天大有	水地比	地水師	天火同人	澤雷隨	山風蠱	風山漸	雷澤歸妹
子息卦八運左輔	風天小畜	雷地豫	澤水困	山火賁	地雷復	天風姤	火山旅	水澤節
子息卦六運武曲	天澤履	地山謙	水風井	火雷噬嗑	雷火豐	風水渙	山地剝	澤天夬
子息卦七運破軍	天火同人	地水師	水地比	火天大有	雷澤歸妹	風山漸	山風蠱	澤雷隨
子息卦八運左輔	天風姤	地雷復	水澤節	火山旅	雷地豫	風天小畜	山火賁	澤水困

四十八局逆息局

澤山 咸	山澤 損	風雷 益	雷風 恒	火水 未濟	水火 既濟	地天 泰	天地 否	九運父母卦 交生六子
天山 遯	地澤 臨	水雷 屯	火風 鼎	雷水 解	風火 家人	山天 大畜	澤地 萃	子息卦 四運文曲
雷山 小過	風澤 中孚	山雷 頤	澤風 大過	天水 訟	地火 明夷	水天 需	火地 晉	子息卦 三運祿存
水山 蹇	火澤 睽	天雷 無妄	地風 升	山水 蒙	澤火 革	雷天 大壯	風地 觀	子息卦 二運巨門
澤地 萃	山天 大畜	風火 家人	雷水 解	火風 鼎	水雷 屯	地澤 臨	天山 遯	子息卦 四運文曲
澤風 大過	山雷 頤	風澤 中孚	雷山 小過	火地 晉	水天 需	地火 明夷	天水 訟	子息卦 三運祿存
澤火 革	山水 蒙	風地 觀	雷天 大壯	火澤 睽	水山 蹇	地風 升	天雷 無妄	子息卦 二運巨門

右順逆四十八局其父母卦。即邵子天地定位。否泰反類合極。圖中之十六卦也。其各生六子。即朱子啟蒙三十二全圖。每對待兩卦可推六十四卦。循環無端。生生不已。地理特易理之一端。故只取十六父母卦之各生六子。順推逆推而得四十八局。

蓋乾坤既交之後。坎離用事。雷風山澤。各有所司。乾☰兌☱離☲震☳巽☴坎☵艮☶坤☷為諸卦之父母。而八卦既交之後。天地定位。山澤通氣。雷風相薄。水火不相射。則泰䷊損䷨既䷾益䷩恒䷟未䷿咸䷞否䷋。又各為萬物父母。亦子復生孫之義也。蔣傳此三陰三陽，各自為交。而生萬物。蓋謂此也。

徐芝庭曰。如復卦䷗為坤䷁之子息。又為震䷲之子息。但看龍水到頭。多見坤䷁之子息爻神。則定為坤䷁之子息。倘多見震䷲之子息爻神。則定為震䷲之子息。餘倣（仿）此。

繼大師註：龍水到頭一節如多屬於「復䷗、師䷆、謙䷎、豫䷏、比䷇、剝䷖」等卦，即是坤卦䷁之子息卦。

如到頭一節多屬於「豫䷏、歸妹䷵、豐䷶、復䷗、隨䷐、噬嗑䷔」等卦，即是震卦䷲之子息卦。

「復䷗、豫䷏」兩卦均為「坤䷁、震䷲」兩卦之共同子息卦。

《本篇完》

（九）手盤圖式、口訣上及口訣下——張心言——繼大師註解

手盤圖式

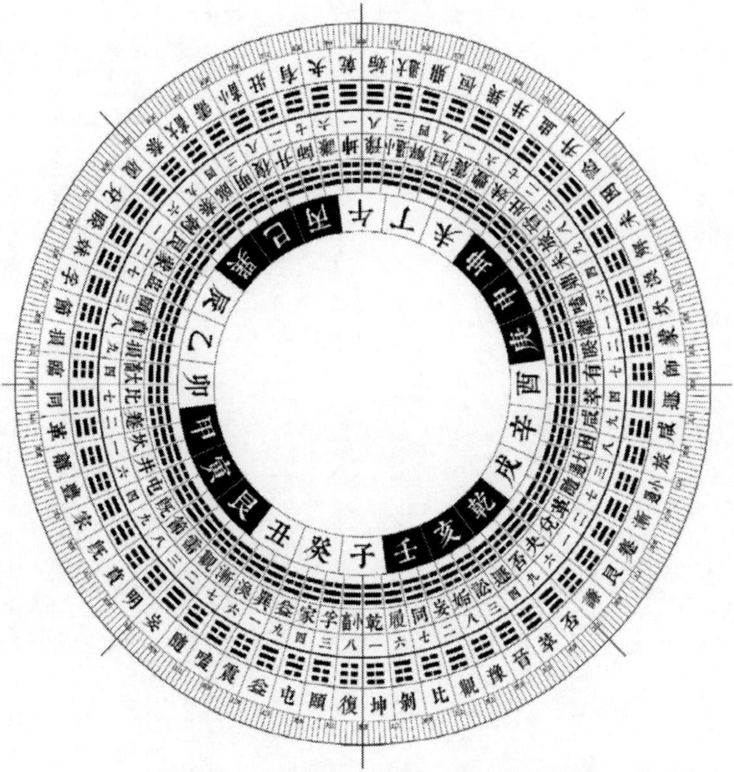

〈口訣上〉

乾兌離震巽坎艮坤一
壯睽革妄升蒙蹇觀二
需中夷頤過訟小晉三
畜臨家屯鼎解遯萃四
夬履豐噬井渙謙剝六
有妹同隨蠱師漸比七
畜節賁復姤困旅豫八
泰損既益恆未咸否九

《口訣上》：乾兌離震巽坎艮坤一。壯睽革妄升蒙蹇觀二。需中夷頤過訟小晉三。畜臨家屯鼎解遯萃四。夬履豐噬井渙謙剝六。有妹同隨蠱師漸比七。畜節賁復姤困旅豫八。泰損既益恆未咸否九。

張心言著《口訣下》：二三四運。九為父母。六七八運。一為父母。

（繼大師註：九運父母生二、三、四運子息。以九運泰卦䷊為例：

泰卦䷊變初爻為升卦䷭，變四爻為大壯䷡，「升、大壯」均為二運卦。

泰卦䷊變二爻為明夷卦䷣，變五爻為需卦䷄，「明夷、需」均為三運卦。

泰卦䷊變三爻為臨卦䷒，變六爻為大畜卦䷙，「臨、大畜」均為四運卦。

一運父母生六、七、八運子息。以一運乾卦䷀為例：

乾卦䷀變三爻為履䷉，變六爻夬䷪，「履、夬」均為六運卦。

乾卦䷀變二爻為同人䷌，變五爻大有䷍，「同人、大有」均為七運卦。

乾卦䷀變初爻為姤䷫，變四爻小畜䷈，「姤、小畜」均為八運卦。）

張心言著〈口訣下〉：兩水對待。運歸中五。本運合十。是名曰輔。名異實同。

繼大師註：這裡暗示「運歸中五」，「輔星之運」即是「合十之運」。

張心言著〈口訣下〉：貪狼父母。順逆可排。九星挨數。更有挨法。亥壬比䷇晉䷢。七運收亥。三運收壬。客水權宜。莫誤正神。

繼大師註：「七運收亥。三運收壬。」是「合十之運」，為挨星法之一種。比卦䷇在廿四山之「壬」位，晉卦䷢在廿四山之「亥」位，七運收亥水，三運收壬水。

張心言著〈口訣下〉：左浜到復。龍宜收坤。右浜到坤。復卦龍身。兩宮交界。雜亂禍侵。右浜到豫。龍自觀生。左浜到觀。豫卦龍神。兩儀分界。差錯莫攖。（攖－音英，觸犯之意。）

繼大師註：「坤䷁、復䷗」兩卦在廿四山之「子」位正綫，為兩宮之交界；「觀䷓、豫䷏」兩卦在「坤䷁」宮中間，在廿四山之「壬、亥」綫位上，為兩儀分界之處，無論右倒左水或左例右水，切勿觸犯，否則「**雜亂禍侵**」。

張心言著〈口訣下〉：從此細推。每卦可尋。卦莫亂挨。地貴生成。巒頭理氣。引証雙清。我（指張心言地師）**因蔣註。補此口訣。神而明之。九星可闕。**

繼大師註：以上口訣，張心言地師已經說得非常詳細，只差使用方法而矣，巒頭要配合理氣，須得明師真傳。

《原文》：大盤式樣以徑一尺五分。圍三尺三寸為率。邊列七政。新尺十二宮星度以備選擇之用。邊之第二層列三百八十四爻。第三第四層列方圓圖六十四卦名。針池外。第一第二層列先後天八卦。第三層列干支廿四字。其餘層數不拘。按卦採取添入可也。或謂三合盤以廿四字格龍格水。尚恐不準。今以六十四字格之。何能一絲不走。

繼大師註：張心言地師指的是三元羅盤的結構，中國古代一尺五分的羅盤，相當於現在的一呎二吋（英呎）大小的羅盤，外圍圓週週邊三尺三寸，相當於現在的約三呎八吋（英呎）的週邊，圓週率為 3. 1416。

羅盤最外邊列出七政四餘的廿八宿度，及十二宮星度，外邊之第二層列六十四卦內的三百八十四爻，第三列出方圖，圓圖即是天盤六十四卦，第四層列出方圖，即是地盤六十四卦。

由針池內數起，第一層為先天八大卦，第二層為後天八大卦，第三層列干支廿四字，即是廿四山，其餘層數不拘，可加可減，或可加上三合盤的刻度，或以廿四字格龍格水，若擔心不準確，可以以六十四卦格之，那就非常準確了。

《原文》：日用測望法則無不準。用盤杖一根。約長五尺。下裝鐵頭。扦定土中。其杖或用兩節套管。便於攜帶。上用銅盤。套在杖端。形如仰釜。將大盤安放銅盤上。用線兩根。長短以盤之濶狹為度。線之四端各繫制錢一枚。

如格姤䷫復䷗二卦。將兩線夾放卦路兩旁。手中另執一懸線。兩端亦各繫一錢。放眼隔着手中懸線。望盤上看去。要以手線蓋準盤線。不差分毫。然後提起眼光。平

望遠處。看左線。恰好照在港東。再看右線。恰好照在港西。則中間水路便是姤卦䷫之水矣。格復卦䷗之龍。亦用此法。

繼大師註：以上張心言地師提倡的方法，用盤杖、鐵頭、兩節套管等附加套件，用測望法去測量，則更加準確。將大羅盤安放在銅盤上，用線兩根，長短以羅盤之濶狹為度，線之四端各繫制銅錢一枚。

以筆者繼大師的理解，古代銅錢，中間有孔，兩銅錢中間之孔互相對準，可用作測量方位，如格「姤䷫、復䷗」二卦，將兩線夾放卦路兩旁，手中另執一懸線兩端，亦各繫一錢，放眼隔着手中懸線。望著羅盤上看去，瞄準目標去測量，這是當時清朝時代（約 1827 年）的方法。

《原文》：離盤廿丈。卦路計濶一丈九尺六寸有奇。離盤四十丈。卦路計濶三丈九尺有奇。若格百丈以外。遠龍遠水。卦路愈遠愈闊。斷無不準之理。

《原文》：**按句股法。徑七寸。圍得一尺二寸。風俗通三百六十步為里。公羊傳註。六尺為步。三百步為里。卷中推原父母卦。即來水去水之前一節二節也。大抵在半里一里之間。今以半里推算。前面離盤半里。**

合盤後半里。便是一里。照風俗通計。徑二百十六丈。圍得六百七十八丈八尺八寸八分作六十四股。分派每股應得十丈零六尺零七分。若離盤一里。每股應得二十一丈二尺有奇。離盤二里。每股應得四十二丈四尺有奇。

繼大師註：此段說出量度平洋龍來去水之前一二節現場水道的方向、方位的實際操作方法，其距離與長度大小成比例，測量方位卦路方法之一，「六十四股」繼大師認為應該是指六十四卦，古代羅盤未有現代的羅盤那麼完善，因被視為極秘密之法，故不會隨便公開，甚至卦爻的順逆排列也沒有刻上。

現代的三元易卦羅盤已經大大公開了它的內容，不再視為秘密；現時已有雷射槍放在羅盤上，亦有安放羅盤腳架的設備，方便測量向度及方位，不過雷射槍在略暗地方始可使用，不適用於戶外，可於陽宅室內風水測量方位時使用。

《原文》：蔣傳論倒排父母。既要曲折。又要每折不出本卦。蓋一二里間。卦路已潤三四十丈。儘容曲折。可不出本卦。且夬卦䷪折入大有䷍。履卦䷉折入同人䷌。俱為倒排之本卦。

繼大師註：蔣大鴻地師論「倒排父母卦」時，要每折水流不出本卦，「夬卦䷪」折入「大有䷍」，「履卦䷉」折入「同人䷌」，俱為倒排之本卦也。以筆者繼大師的理解「倒排」即是「覆卦」，澤天「夬卦䷪」的覆卦是天澤「履卦䷉」。火天「大有䷍」卦的覆卦是天火「同人䷌」卦，如此類推。

《原文》：又如收坤䷁水。其來源自西流東。則到頭宜收訟卦䷅。其來源自西南流東北。則到頭宜收升卦䷭。細玩四十八局。當自知之。恐學者疑。格遠龍或有不準。故特附詳於此。

繼大師註：此段是三元地理家收山出煞及水法的精華，平洋龍以水流為龍，羅盤廿四山之「坤山」，筆者繼大師發覺此乃三元易盤羅盤之兩宮交界處，稍有不慎，易犯空亡線度。若平洋穴向坤 ─ 西南方，其來源自西流東，即是右倒左水，則到頭宜收「訟卦䷅」。

若平洋穴向坤 ─ 西南方，其來源自西南流東北，亦是右倒左水，不過水流之源頭位置與之前所述有所差異。此則到頭宜收「升卦䷭」。房份公位之作法，均如此類推，細玩四十八局自明。

《本篇完》

（十）《青囊經》〈上、中、下卷〉──黃石公傳──赤松子述義

蔣大鴻（平階）註《傳》──張心言疏──繼大師註解

《青囊經》說明──繼大師撰

《青囊經》原文是由《易經》所演化而來，經多位聖賢著述，蔣氏把原本由郭璞所著之《氣感篇》、古人所著《堪輿篇》及邱氏（邱延翰）所著《理原論》刪除，邱延翰曾著《理氣心印》獻給唐玄宗，此書內容就是說明三元易盤風水理氣的基本概念。

《青囊經》全文是《河圖》及《洛書》內的數理句語並加以闡述，但並沒有說明如何應用在風水理氣上，古人對於三元易盤風水理氣視為極機密的天機，故不直接說出。

隨著時代的變遷，每一代均公開一些所謂秘而不宣的秘密口訣，而形成現今三元易盤風水羅盤的模式。在蔣大鴻時代的三元風水羅盤，在六十四卦內的卦爻上，是沒有刻上初爻及上爻的位置，各卦卦爻之左旋右旋之法則均視為秘密口訣。

在立向方面來說，每一卦之變爻準則更視為機密，但現時的三元羅盤，每卦之變爻吉度，均刻上紅點或圓圈，以示吉祥綫度，再沒有秘密可言。雖然是這樣，但在用法上，同是三元門派也分出眾多支流，學者須得傳承法脈之真傳，吉凶始能分辨；讀者可深入研究有內外盤的標準三元羅盤，定有所獲。

為了方便讀者在閱讀時更能明白，本篇《青囊經》〈上、中、下〉三卷，分出**《原文》**、**《傳》**、**《疏》**及**《解》**，以黃石公傳，赤松子述義為**《原文》**，以蔣大鴻（平階）註為**《傳》**，以張心言（綺石）補註為**《疏》**，繼大師再註為**《解》**，以便分辨。

《青囊經》〈上卷〉

《原文》：經曰天尊地卑。陽奇陰偶。一六共宗。二七同道。三八為朋。四九為友。五十同途。

張心言補註：**《疏》**一六坤☷艮☶也。屬水。二七巽☴坎☵也。屬火。三八離☲震☳也。屬木。四九兌☱乾☰也。屬金。五十。合五合十也。屬土。坤☷巽☴離☲兌☱。

主一二三四運。艮☶坎☵震☳乾☰。主六七八九運。主龍與水對。或水與水對。主五黃運。此八卦合九運之法也。

朱子曰：天地生數到五便住。加一二三四。遇着那五。便成六七八九。五卻自對五成十。此即河圖一配六。二配七。洛書一對九。二對八之義也。

《原文》：闢闔奇偶。五兆生成。流行終始。八體洪布。子母分施。天地定位。山澤通氣。雷風相薄。水火不相射。

張心言補註：《疏》上論參伍。此論對待。先天不相對。曰：「山與水相對。水來當直是真龍。」一即兩卦對待交通之義也。

《原文》：中五立極。臨制四方。背一面九。三七居旁。二八四六。縱橫紀綱。陽以相陰。陰以含陽。陽生於陰。柔生於剛。陰德洪濟。陽德順昌。是故陽本陰。陰育陽。天依形。地附氣。此之謂化始。

蔣大鴻（平階）註：《傳》此篇以無形之氣爲天地之始。而推原道之所從來也。夫陽氣屬天。而實兆於地之中。聖人作易。以明天地之道。皆言陰陽之互爲其根者而已。

張心言補註：《疏》易有變易、交易、不易之説。五字實兼三義。

蔣大鴻（平階）註（平階）：《傳》天高而尊。地下而卑。然尊者有下濟之德。卑者有上行之義。一陰一陽。一奇一偶。其數參伍。所以齊一。其形對待。所以往來。

張心言補註：《疏》何為參伍。何為對待。將希夷子圓圖熟玩。深思自明。

蔣大鴻（平階）註：《傳》天地之匡廓。由此而成。四時之代謝。由此而運。萬物辯化育。由此而胚。夫此陰陽奇偶之道。隨舉一物。無不有之。天地無心。聖人無意。自然流露。而顯其象。

於河圖。遂有一六共宗。二七同道。三八為朋。四九為友。五十同途之象。聖人因其象而求其義。以奇者屬陽。而有天一、天三、天五、天七、天九之名。以偶者屬陰。而有地二、地四、地六、地八、地十之名。

而有一必有二。有三必有四。有五必有六。有七必有八。有九必有十。所謂參伍之數也。此一彼二。此三彼四。此五彼六。此七彼八。此九彼十。此所謂對待之形也。天數與地數各得其五。此謂一成之數。而百千萬億無窮之數。由此而推也。

天數地數。各得其五。合二五而成十。蓋有五卽有十。猶有一卽有二。陰陽自然之道也。故有天之一。卽有地之六。有地之二。卽有天之七。有天之三。卽有地之八。有地之四。卽有天之九。有天之五。卽有地之十。此陰陽之數。以參伍而齊一者也。

張心言補註：《疏》參而音。卦典之一與六。伍。二與七。伍。三與八。伍。四與九。伍。是也。

蔣大鴻（平階）註：《傳》易曰。五位相得。蓋謂此也。而一六在下。則二七必在上。三八在左。則四九必在右。五居以中。則十亦居中。此陰陽之數。對待而往來者也。

張心言補註：《疏》對待者。卦圖中之一六與四九對。二七與三八對。是也。

蔣大鴻（平階）註：《傳》易曰。五位相得。而各有合。蓋謂此也。以其參伍而齊一。故一奇一偶燦然而不棼。（棼音分，紛亂之意。）以其對待而往來。故奇偶之間。一闔一闢。潛然而自應。此生成之所從出也。

天一生水。而地六成之。地二生火。而天七成之。天三生木。而地八成之。地四生金。而天九成之。天五生土。而地十成之。一生一成。皆陰陽交媾之妙。二氣相交。而五行兆焉。降於九天之上。升於九地之下。周流六虛。無有休息。始而終。終而復始。無一息不流行。則無一息不交媾。當其無而其體渾然已成。當其有而其體秩然有象。

聖人因河圖之象數。而卦體立焉。夫河圖止有四象。而卦成八體者何也。蓋一畫成爻。爻者交也。太始之氣。止有一陽○。是名太陽⚊。太陽⚊。交而成太陰⚋。是曰兩儀。太陰太陽再交而成「少陰⚋⚊。少陽⚊⚋。幷太陰⚋⚋。太陽⚊⚊」是曰四象。此河圖之顯象也。

繼大師註《解》：太陰⚋⚋、太陽⚊⚊、少陰⚋⚊、少陽⚊⚋名四象。

四象三爻而成八卦。☰曰乾☰、☱曰兌☱、☲曰離☲、☳曰震☳、☴曰巽☴、☵曰坎☵、☶曰艮☶、☷曰坤☷。

蓋卽河圖每方二數。析之則有八。此河圖之象隱而顯者也。故卦之八。由於四象。爻之三。由於三交。乾☰ 坤☷二卦爲母。六卦爲子。此八卦之子母也。諸卦自爲母。三爻爲子。此一卦之子母也。

張心言補註：《疏》論八卦。本文最明。

繼大師註：《解》這本《青囊經》是說出河圖洛書中的數理邏輯及關係，配上五行，其中有：

天數——一、三、五、七、九。天數為陽數即奇數。

地數——二、四、六、八、十。地數為陰數即偶數。

生數——一、二、三、四、五。各數加五為成數。

成數——六、七、八、九、十。各數減五為生數。

五行之數——一、六屬水。二、七屬火。三、八屬木。四、九屬金。五、十屬土。

後天八卦配先天數為——坎☵一、坤☷二、震☳三、巽☴四、中五、乾☰六、兌☱七、艮☶八、離☲九。

先天數配以先天卦象為——坤☷一、巽☴二、離☲三、兌☱四（五、十居中）艮☶六、坎☵七、震☳八、乾☰九。

蔣大鴻（平階）註：《傳》諸卦自爲母。三爻爲子。此一卦之子母也。

張心言補註：《疏》論六十四卦如乾宮☰。自乾䷀至泰䷊八卦內三爻皆乾☰。則以內三爻為母。外三爻為子。然子母之說。不盡此也。當與四十八局圖註參看。

蔣大鴻（平階）註：《傳》以此分施造化。佈滿宇宙之間。於是舉陽之乾☰爲天。對以陰之坤☷爲地。謂之天地定位。

張心言補註：《疏》天地交而得否䷋、泰䷊兩卦。

蔣大鴻（平階）註：《傳》天覆於上。則地載於下也。此陰陽之一交。而成天地者也。舉陽之艮☶爲山。對以陰之兌☱爲澤。

張心言補註：《疏》山澤交而得損䷨、咸䷞兩卦。

蔣大鴻（平階）註：《傳》謂之山澤通氣。山載於下。則澤受於上也。舉陽之震☳爲雷。對以陰之巽☴爲風。

張心言補註：《疏》風雷交而得恒䷟、益䷩兩卦。

蔣大鴻（平階）註：《傳》謂之雷風相薄。雷發於下。則風動於上也。舉陽之坎☵爲水。對以陰之離☲爲火。

張心言補註：《疏》水火交而得既濟䷾、未濟䷿。

蔣大鴻（平階）註：《傳》謂之水火不相射。水火平衡。形常相隔。而情常相親也。此三陰三陽之各自爲交。而生萬物者也。

張心言補註：《疏》於六十四卦中。隨舉對待兩卦總不出此節。數對字。而一九俱為父母卦。亦於此可見。

蔣大鴻（平階）註：《傳》先賢以此爲先天之卦。伏羲所定。本於龍馬負圖而作。實則渾沌初分。天地開闢之象也。四象虛中。而成五位。此中五者。即四象之交氣。乾之真陽。坤之真陰。皆無形而惟土有形。此土之下爲黃泉。皆坤地積陰之氣。此土之上爲清虛。皆乾天積陽之氣。而土膚之際。平鋪如掌。乃至陰至陽。乾坤交媾之處。水火雷風山澤。凡天地之化機。皆露於此。

張心言補註：《疏》天不變。而天之下即地。土膚之際。無非天氣之流行。故圓圖每宮內三爻不變。而以外三爻變者為用。地不變。而地之上即天。土膚之際。無非地氣之感召。故方圖每宮外三爻不動。而以內三爻動者為用。

蔣大鴻（平階）註：《傳》故中五者。八卦託體儲精。成形顯用之所也。故河圖洛書。同此中五以立極也。河圖雖有四象。而先天陽升陰降。上下初分。未可謂之四方。自中五立極。而後四極劃然。各正其方矣。有四方之正位。而四維介於其間。於是八方立焉。統中五皇極而爲九。分而佈之。一起正北。二居西南。三居正東。四居東南。五復居中。六居西北。七居正西。八居東北。九居正南。謂之九疇。

此雖出於洛書。而實與河圖之數符合。天地之理。自然發現。無不同也。佈其位。曰。戴九履一。左三右七。二四爲肩。六八爲足。其八方之位。適與八方之數均齊。聖人卽以八卦隸之而次。其序曰。坎☵一。坤☷二。震☳三。巽☴四。中五。乾☰六。兌☱七。艮☶八。離☲九。此四正四維。不易之定位也。

數雖起一。而用實首震。蓋成位之後。少陽用事。先天主天。而後天主曰元。子繼體。代父爲政也。易曰。帝出乎震☳。齊乎巽☴。相見乎離☲。致役乎坤☷。說言乎兌☱。戰乎乾☰。勞乎坎☵。成言乎艮☶。一二三四五六七八九者。古今之禪代推移。周而復始者也。震☳、巽☴、離☲、坤☷、兌☱、乾☰、坎☵、艮☶者。日月之出沒。四時之氣機。運行遷謝。循環無端者也。先賢以此爲後天之卦。昔者大禹治水。神龜出洛。

文王因之作後天之卦。豈伏羲畫卦之時。未有洛書。而大禹演疇之時。未有後天卦位耶。竊以爲圖書。必出於一時。而先天後天卦位。亦定於一。自伏羲但有卦爻。而文王始繫之辭耳。

河圖洛書非有二數。先天後天非有二義也。特先天之卦。以陰陽之對待者言。有彼此而無方隅。後天之卦。以陰陽之流行者言。則有方隅矣。至其作卦之旨。要在於陰陽之互根則一也。（繼大師註：互音梗 — 空間和時間延續不斷。）

夫易之道。貴陽賤陰。則陽當爲主。而陰當爲輔。而此云。陽以相陰者何也。蓋陽之妙。不在於陽。而在於陰。陰中之陽。乃真陽也。故陰爲言。感而陽來應之。似乎陰反爲君。而陽反爲相。此經言神明之旨也。

然陽之所以來應乎陰者。以陰中本自有之。以類相從。故來應耳。豈非陰含陽乎。陰含陽則能生陽矣。一切發生之氣。皆陽司之。則皆陰出之者也。剛柔卽陰陽。陰陽以氣言。剛柔以質言。

易曰。乾剛坤柔。又曰。剛柔相摩。八卦相盪。八卦之中。皆有陰陽。則皆有剛柔。若以陽爲剛。以陰爲柔。則宜乎剛生於柔矣。而乃云。柔生於剛者何也。無形之氣。陽剛而陰柔。有形之質。陰剛而陽柔。於有形之剛質。又生無形之柔。氣質生氣。氣還生質。故曰柔生於剛也。

凡其所以能爲相助。能爲包含。生生不息。如是者。則以陰之與陽。蓋自有其德也。

惟陰之德。能宏大。夫陽以濟陽之施。故陽之德。能親順夫陰。以昌陰之化。此陰陽之妙。以氣相感。見於河圖洛書。先後天之卦象者如是。由是則可以知天地之道矣。

天地之道。陽常本於陰。而陰常育於陽。故天非廓然。空虛者爲天也。其氣常依於有形。而無時不下濟。地非塊然不動者爲地也，其形常附於元氣。而無時不上升。

然則天之氣。當在地中。而地之氣。皆天之氣。陰陽雖曰二氣。止一氣耳。所以生天生地者。此氣。所以生萬物者。此氣。故曰化始也。

《青囊經上卷》完

《青囊經中卷》黃石公傳 — 赤松子述義 — 蔣大鴻（平階）註《傳》張心言疏 — 繼大師註解

唐、楊益（筠松）著《原文》— 蔣大鴻（平階）註及傳《傳》

張心言補註《疏》— 繼大師註《解》

《青囊經中卷》蔣大鴻（平階）註：《傳》古文作〈天官篇〉邟（邟音鄺）氏作〈天元金書符〉郭氏作〈神契篇〉今削之。

《原文》：經曰天有五星。地有五行。天分星宿。地列山川。氣行於地。形麗於天。因形察氣。以立人紀。紫微天極。太乙之御。君臨四正。南面而治。天市春宮。少微西掖。太微南垣。

繼大師註：《**解**》一個都會城市的結作，除了有地形山勢水流交聚而匯於一處之外，在理氣方面，分「父母、天元、人元及地元」之卦象，以「紫微垣局」為坐北向南，是首都之格局，故云：「**君臨四正。南面而治。**」以「天市垣局」、「少微垣局」、「太微垣局」為次。

四種卦象配四垣局，以分級別；另外還有次一等的「天苑」及「天園」等垣局，均載於楊筠松先師所著《撼龍經》內之〈垣局篇〉。可參考楊筠松著，廖平注《廖注撼龍經》009至033頁，武陵出版有限公司出版。

張心言補註：《疏》非若《催官篇》之講天星也。由上文「**氣行於地。形麗於天。**」借仰觀為俯（繼大師註：俯音周，隱藏的意思。）察玩下文。五德七政。是推原天文。指明起運之由。

《原文》：旁照四極。四七為經。五德為緯。運斡坤輿。（斡－運轉之意。）**垂光乾紀。七政樞機。流通終始。地德上載。天光下臨。陰用陽朝。陽用陰應。陰陽相見。福祿永貞。陰陽相乘。禍咎踵門。**（繼大師註：踵音總－接踵而來。）

天之所臨。地之所盛。形止氣蓄。萬物化生。氣感而應。鬼福及人。是故天有象。地有形。上下相須而成一體。此之謂化機。

蔣大鴻（平階）註：《傳》此篇以有形之象。爲天地之機。而指示氣之所從受也。上文旣明河圖洛書。先天後天八卦之理。聖人作易之旨盡於此。天地陰陽之道亦盡於此矣。然聖人不自作易。其四象八卦。皆仰法於天。故此篇專指天象以爲言。夫易之八卦。取象於地之五行。張心言補註：《疏》六十四卦亦然。

蔣大鴻（平階）註：《傳》而地有五行。實因天有五曜。五曜凝精於上面。五行流氣於下。天之星宿。五曜之分。光列象者也。地之山川。五行之成形。結撰者也。故山川非列宿。而常具列宿之形。觀其形之所呈。卽以知其氣之所稟。夫有是形。**御**是氣。物化自然。初未及乎人事。而聖人仰觀俯察。人紀從此立焉。

木爲歲星。其方爲東。其令爲春。其德爲仁。

火爲熒惑。其方爲南。其令爲夏。其德爲禮。

土爲鎮星。其方爲中央。其令爲季夏。其德爲信。

金爲太白。其方爲西。其令爲秋。其德爲義。

水爲辰星。其方爲北。其令爲冬。其德爲智。

洪範九疇。所謂敬用五事。亨用五福。五紀八政。皇極庶徵。皆自此出。故聖人御世宰物。一天地之道也。備言天體。則有七政以司元化。日月五星是也。有四垣以鎮四方。紫微、天市、太微、少微是也。

有二十八宿以分佈周天。

蒼龍七宿。角、亢、氐、房、心、尾、箕。

朱鳥七宿。井、鬼、柳、星、張、翼、軫。

白虎七宿。奎、婁、胃、昴、畢、觜、參。

玄武七宿。斗、牛、女、虛、危、室、壁是也。

四垣卽四象。七政卽陰陽五行之根本。其樞在北斗。而分之四方。爲二十八宿。

故：房、虛、昴、星應日。

心、危、畢、張應月。

角、斗、奎、井應歲星。

尾、室、觜、翼應熒惑。

亢、牛、婁、鬼應太白。箕、壁、參、軫應辰星。氐、女、胃、柳應鎮星。臨制其方。各一七政也。渾天周匝。雖云四方而已。備八卦二十四爻之象矣。

張心言補註：《疏》二十四爻如是。三百八十四爻無不如是。

繼大師註《解》：言二十四爻即借喻廿四山，暗喻六十四卦，而説三百八十四爻。可見蔣氏守秘如此，不直接說明用易盤六十四卦之理也。

蔣大鴻（平階）註：《傳》非經無以立極。非緯無以嬗化。（繼大師註：嬗音禪之去聲，演變之意。）一經一緯。真陰真陽之交道也。交道維絡。而後天之體。環周而固於外。地之體。結束而安於中。此元氣之流行。自然而成器者也。其始無始。其終無終。包羅六合。入於無間。雖名陰陽。一氣亘根。（繼大師註：亘音梗，延續不斷之意。）人能得此一氣。則生者可以善其生。而死者可以善其死。

地理之道。蓋人紀之一端。此端旣立。則諸政以次應之。故聖人重其事。其用在地。而必求端於天。本其氣之所自來也。然氣不可見。而形可見。不可見之氣。卽寓於有可見之形。形者氣之所成。而卽以載氣。氣發於天。而載之者地。

氣本屬陽。而載之者陰。故有陰卽有陽。地得其所。則天氣歸之。天地無時不交會。陰陽無時不相見。相見而得其沖和之正。則爲福德之門。相見而不得其沖和之正。卽爲相乘。而名禍咎之根。禍福殊途。所爭一間。良足畏也。且亦知星宿之所以麗於天。山川之所以列於地者乎。

天之氣。無往不在。而日得天之陽精。而恆爲日。月得天之陰精。而恆爲月。五曜得天五氣之精。而恆爲緯。至於四垣二十八宿。衆星環列。又得日月五星之精。而恆爲經。此則在天之有形者。有以載天之氣也。地之氣無往不在。

而山得日月五星之氣而恆爲體。山川得日月五星之氣而恆爲用。此則在地之有形者。有以載地之氣也。列宿得天之氣。而生於天。列宿與天爲一體也。山川得地之氣。而生於地。山川與地爲一體也。萬物之生於天地。何獨不然。

夫萬物非能自生。借天地之氣以生。然天地非有意於生萬物。萬物各自有地焉。適與天地之氣。相遇於窅冥（繼大師註：窅音繞，深遠之意。）恍惚之中。夫有所沾濡焉。夫有所絪繆焉。夫有所苞孕焉。遂使天地之氣。止而不去。積之累之。與物爲一。乃勃然以生爾。

地理之道。必使我所取之形。足以納氣。而氣不我去。則形與氣交而爲一。必使我所據之地。足以承天。而天不我隔。則地與天交而爲一。

夫天地形氣既合而爲一。則所葬之骨。亦與天地之氣爲一。而死魄生人。氣脈灌輸。亦無不一。

福應之來。若機張審括。所謂化機也。不然。蓄之無門。止之無術。雖周天列宿。炳燿中天。而我不蒙其照。雖大地陽和。滂流八表。而我不沾其澤。天爲匡廓。地爲槁壤。（槁音稿，枯萎之意。）骨爲速朽。子孫爲寄生。我未見其獲福也。可不慎哉。可不慎哉。

《青囊經中卷》完

《青囊經下卷》黃石公傳——赤松子述義——蔣大鴻（平階）註《傳》
張心言疏——繼大師註解

唐、楊益（筠松）著《原文》——蔣大鴻（平階）註及傳《傳》

張心言補註《疏》——繼大師註《解》

《青囊經下卷》蔣大鴻（平階）註：《傳》古文作《叢辰篇》

《原文》：經曰。無極而太極也。理寓於氣。氣囿於形。日月星宿。剛氣上騰。山川草木。柔氣下凝。資陽以昌。用陰以成。陽德有象。陰德有位。地有四勢。氣從八方。外氣行形。內氣止生。乘風則散。界水則止。是故順五兆。用八卦。排六甲。佈八門。推五運。定六氣。明地德。立人道。因變化。原終始。此謂之化成。

蔣大鴻（平階）註：《傳》此篇申言形氣雖殊。而其理則一。示人以因形求氣。爲地理入用之準繩也。易曰：「易有太極，是生兩儀。」

太極者。所謂象帝之先。先天地生。能生天地萬化之祖根也。本無有物。無象無數。無方隅。無往不在。言太極。則無極可知。後賢立說。慮學者以太極爲有物。故申言以明之。曰無極而太極也。

大而天地。細而萬物。莫不各有太極。物物一太極。一物全具一天地之理。人知太極。物物皆具。則地理之道。思過半矣。理寓於氣。氣一太極也。氣囿於形。形一太極也。以至日月星辰之剛氣上騰。以剛中有太極。故能上騰。

山川草木之柔氣下凝。以柔中有太極。故能下凝。資陽以昌。資之以太極也。用陰以成。用之以太極也。

太極之所顯露者。謂之象。而所宣佈者。謂之位。地無四勢。以太極乘之。而命之爲四勢。氣無八方。以太極御之。而命之爲八方。勢與方者。其象其氣。而命之爲勢爲方者。其極。極豈有定耶。則勢與方。亦豈有定耶。

四勢之中。各自有象。則八方之中。亦各自有氣。然此諸方之氣。皆流行之氣。因方成形。只謂之外氣。苟任其流行而無止蓄。則從八方而來者。還從八方而去。千山萬水。僅供耳目之玩。如傳舍。如過客。總不足以濬發靈機。滋荄元化。必有為之內氣者焉。

所謂內氣。非內所自有。卽外來流行之氣。於此乎止。有此一止。則八方之行形者。皆招攝翕聚乎此。是一止而無所不止。於此而言太極。乃為真太極矣。無所不止。則陽無所不資。陰無所不用。而生生不息之道在其中。太極生兩儀。兩儀生四象。四象生八卦。

張心言補註：《疏》因而重之而為六十四卦。言八卦而六十四卦可知也。

（附無極、太極、兩儀、四象、八卦圖表）

無極、太極、兩儀、四象、八卦圖

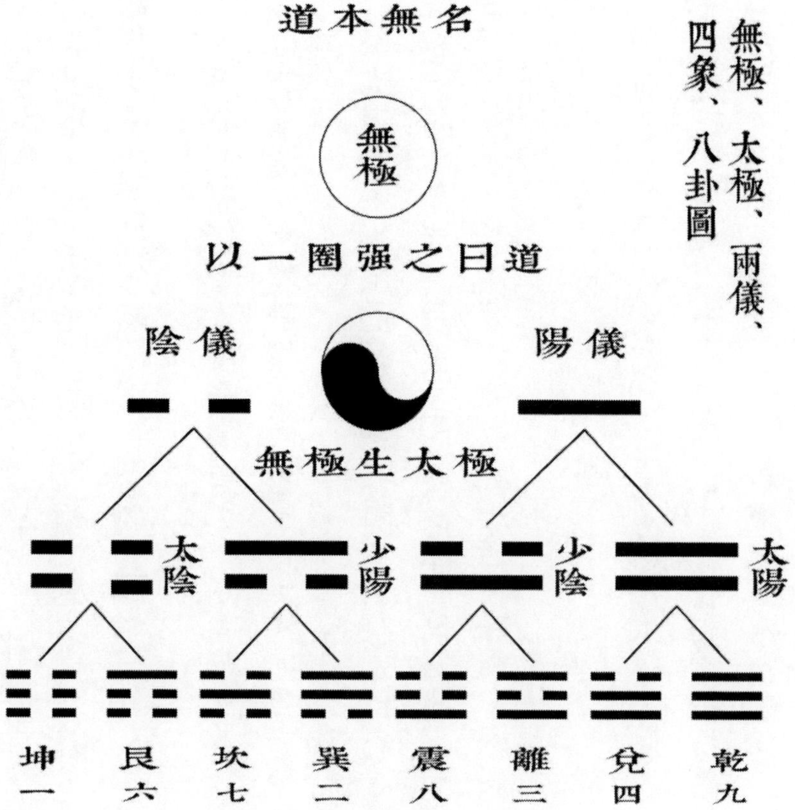

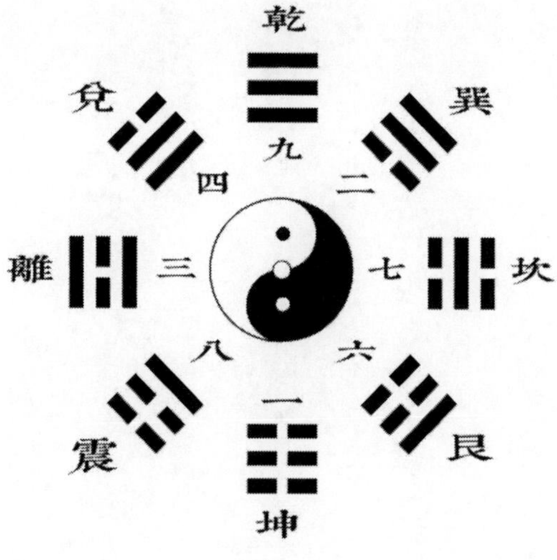

繼大師圖
辛丑仲秋

蔣大鴻（平階）註：《傳》萬事萬物。皆胚胎乎此。前篇所謂形止氣蓄。萬物化生。蓋謂此也。然但言止。而不申明。所以止之義。恐世之審氣者。茫然無所措手。故舉氣之最大而流行無間者。曰風。曰水。

夫風有氣而無形。稟乎陽者也。水有形而兼有氣。稟乎陰者也。然風稟乎陽。而陽中有陰焉。水稟乎陰。而陰中有陽焉。二者皆行氣之物。

氣之陽者。從風而行。氣之陰者。從水而行。而行陽氣者。反能散陽。以陽中有陰也。行陰氣者。反能止陽。以陰中有陽也。大塊之間。何處無風。何處無水。風原不能散氣。所以噓之使散者。病在乎乘。水原不能止氣。所以吸之使止者。妙在乎界。

苟能明乎乘與界之為義。審氣以定太極之法。概可知矣。上文反覆推詳。皆泛言形氣之理。至是乃實指地理之用。於是總括其全焉。順五兆。以五星之正變審象也。用八卦。張心言補註：《疏》看來龍來水之屬何卦。

蔣大鴻（平階）註：《傳》以八方之旺衰審位也。排六甲。

張心言補註：《疏》推上、中、下三元何卦主運。

蔣大鴻（平階）註：《傳》以六甲之紀年審運也。佈八門。

張心言補註：《疏》看消水與來龍同一父母否也。

蔣大鴻（平階）註：《傳》以八風之開闔審氣也。地理之矩矱（繼大師註：《解》矩矱音舉獲，本指劃直角或方形的曲尺，此譬喻規矩法度。）。盡於此矣。推五運。

張心言補註：《疏》兼論方向。

蔣大鴻（平階）註：《傳》以五紀之盈虛審歲也。定六氣。

張心言補註：《疏》兼論選擇。（指擇日）

蔣大鴻（平階）註：《傳》以六氣之代謝審令也。謹歲時以扶地理之槖籥。盡於此矣。如是則太極不失其正。而地德可明。然聖人之明地德也。非徒邀福而已。蓋地之五行。得其順。則人之生也。五德備其全。而五常若其性。聖賢豪傑。接踵而出。而禮樂政刑。無不就理。豈非人道自此立乎。然此亦陰陽變化自然之妙。雖有智者。不能以私意妄作。

張心言補註：《疏》悉易理何敢妄作。

蔣大鴻（平階）註：《傳》夫亦為知其所以然。因之而已。夫卜地葬親。乃慎終之事。而子孫之世澤。皆出其中。則人道之所以終。卽為人道之所以始。然則斯道也者。聖人開物成務。無有大於此者也。謂之化成宜哉。

《青囊經下卷》完

（十二）《青囊序》唐、曾求己（公安）著 — 蔣大鴻（平階）註《傳》
張心言（綺石）疏 — 繼大師註解

《青囊序》：曾求己（公安）著《原文》— 蔣大鴻註：《傳》
張心言補註：《疏》— 繼大師註：《解》

《原文》：楊公養老看雌雄。天下諸書對不同。

蔣大鴻（平階）註《傳》：雌雄者。陰陽之別名。乃不云陰陽。而云雌雄者。言陰陽。則陰自為陰。陽自為陽。疑乎對待之物。互顯其情者也。故善言陰陽者。必言雌雄。觀雌則不必更觀其雄。而知必有雄以應之。觀雄則不必更觀其雌。而知必有雌以配之。天地而大。雌雄也。

山川雌雄中之顯象者也。地有至陰之氣。以招攝天之陽精。天之陽氣。曰下交乎地。而無形可見。止見其草木百穀。春榮秋落。蛟龍蟲豸。升騰蟄藏而已。故聖人制婚姻。男先乎女。亦以陰之所在。陽必求之。山河大地。其可見之形。皆陰也。

實有不可見之陽。以應之。所謂雌雄者也。

故地理家不曰地脈。而曰龍神。言變化無常。不可以跡求者也。《青囊經》所謂陽以相陰。陰以含陽者。此雌雄也。所謂陽本陰。陰育陽者。此雌雄也。所謂陰用陽朝。陽用陰應者。此雌雄也。所謂資陽以昌。用陰以成者。此雌雄也。

楊公得青囊之祕。洞徹陰陽之理。晚年其術益精。以此濟世。卽以此養生。然其中祕密。惟有看雌雄之一法。此外別無他法。夫地理之書。汗牛充棟。獨此一法。不肯筆之於書。先賢口口相傳。間世一出。

蓋自管郭以來。古今知者不能幾人。既非聰明智巧可能推測。又豈閎（閎音宏）覽博物所得與聞。會者一言立曉。不知者累牘難明。若欲向書卷中求之。更河漢矣。故曰。天下諸書對不同也。曾公安親受楊公之祕。故其所言深切。著明如此。彼公安者。豈欺我哉。

《原文》：先看金龍動不動。次察血脈認來龍。

張心言補註**《疏》**：曾公開卷第一義。先取金龍動。可見曾公巒頭理氣並重。且巒頭理氣。本無不合。惟巒頭書多出通儒之手。如朱子（朱熹）《山陵議狀》。蔡子《地理發微》等書類。

（繼大師註：蔡發，字神與，晚號牧堂老人，南宋著名理學家，天文學家及堪輿學家，蔡元定是其兒子。乾道六年1170年，朱熹與蔡元定在福建西山、雲谷山絕頂相望一起學習，被譽為「朱門領袖」。）

皆明白曉暢。理氣書。每出術士之手。不得真傳。均屬偽造。上文所謂「對不同」也。

曾公將舉理氣筆之於書。傳之其人。為天下後世法。首先提出巒頭喫緊處。交代清脫。然後暢談的派真傳之理氣也。

蔣大鴻（平階）註《傳》：此以下乃言看雌雄之法也。金龍者。氣之無形者也，龍本非金。而云金龍者。乃乾陽金氣之所生。故曰金龍。動則屬陽。靜則屬陰。氣以動為生。以靜為死。生者可用。死者不可用。其動大者則大用之。其動小者則小用之。

此以龍之形象言也。形象既得。斯可辨其方位矣。血脈即金龍之血脈。非龍而實龍之所自來。所謂雌雄者也。觀血脈之所自來。即知龍之所自來矣。察其血脈之來自何方也。知血脈之來自何方。即可認龍之來自何方矣。此楊公看雌雄之祕訣。而非世人倒杖步景之死格局也。俗註辰戌丑未四金惡煞為金龍者非。

《原文》：龍分兩片陰陽取。

張心言補註《疏》：龍必有兩片。一為領龍之順水。（領音陷，下巴之意。）一為到局之逆水。余（張心言）本淅人（浙江人）。請以浙論杭城（杭州市）。龍自天目來。（天目山）以徽湖趨東南一支為順水。以海中龕赭兩山一夾。其一線怒濤趨尖山過海昌。至錢塘一支為逆水。至臨安溪及西湖為蔭龍水。之江為固局水。不過垣中應有之水耳。

嘉興城。以石門塘一支為順水。以海鹽塘自東南趨西北一支為逆水。至長水塘練浦塘二水。則為應垣水。海鹽城自袁花滙浦漾來南塘一支為順水。以峽石東來過嶼城一支為逆水。至海水惟取應垣而已。即外勢橫形是也。

術家謂鹽城自秦駐山發脈。沿海塘而來。然驗之於山。不若驗之於水。更為便捷也。天地有此兩片。中下之地。亦必有此兩片。惟此一片屬陽卦。則彼一片必屬陰卦。是為「陰陽取」也。

《原文》：水對三叉細認蹤。

張心言補註《疏》：三叉消水口也。如遇合格大地。可將元運圖橫看。並將四十八局圖豎看。消水來龍。自能配合。不爽毫釐。其實不外「天地定位」。「一六共宗。」數語。

繼大師註《解》：「元運圖橫看」即是同運卦。「四十八局圖豎看」即是同父母之子息卦。

《青囊經》蔣傳固已。借端發明。但只將八卦立論。不肯說明六十四卦耳。此節陰陽二字。以「乾☰、震☳、坎☵、艮☶」為陽。以「坤☷、巽☴、離☲、兌☱」為陰。

繼大師註《解》：以八卦之卦氣流行對待而言，則「艮☶六、坎☵七、震☳八、乾☰九」為陽，以「坤☷一、巽☴二、離☲三、兌☱四」為陰。「一九、二八、三七、四六」均合十，為對待。另一組陰陽則以四正四隅之在陰陽動靜而論，則四正位以「乾☰九、坎☵七、離☲三、坤☷一」為陽，在四隅位則以「巽☴二、兌☱四、艮☶六、震☳八」為陰。一以卦之動靜而論，一以卦氣之流行對待而論。

蔣大鴻（平階）註《傳》：兩片。即雌雄。陰在此。則陽必在彼。兩路相交也。三叉。即後城門界水合處。必有三叉。細認蹤。即察血脈以認來龍也。知三叉之在何方。則知來龍之屬何脈矣。俗注：以兩片爲左旋右旋。以三叉爲生旺墓非。

《原文》：江南龍來江北望。江西龍去望江東。

張心言補註《疏》：承上文「兩片」二句。一片頷龍（頷音陷，下巴之意。）血脈順水。從江南而來。再去江北望。那一片到局逆水。言水而龍可知矣。

蔣大鴻（平階）註《傳》：此所謂兩片也。金龍本在江南。而所望之氣脈。反在江北。金龍本在江西。而所望之氣脈。反在江東。蓋以有形之陰質。求無形之陽氣也。楊公看雌雄之法。皆從空處爲真龍。故立其名曰「大元空」。雖云兩片。實一片也。

俗注：江南「午、丁、未、坤」爲一卦。江北「子、癸、壬、艮」爲一卦。其一父母。江西「申、庚、酉、辛、戌、乾、亥、壬」爲一卦。江東「寅、甲、卯、乙、辰、巽、巳、丙」爲一卦。其一父母。兩卦之中。互相立向者非。

《原文》：是以聖人卜河洛。瀍澗二水交華嵩。相其陰陽觀流泉。卜世卜年宅都宮。

張心言補註《疏》：此借証總結上文。瀍澗二水。即龍分兩片也。交即三叉也。華嵩金龍之所自也。相陰陽動不動也。觀流泉。察血脈也。如以形巒合看。不外《靈城精義》：「山成形。水中止。水成形。山上止。」二語。

繼大師註**《解》**：此兩句出自《靈城精義》二卷，為南唐何溥撰，溥字令通。上卷論巒頭，主山川形勢，辨龍辨穴；下卷論理氣，主天星卦例，生剋吉凶。

蔣大鴻（平階）註《傳》：此即周公卜洛之事。以證地理之道。惟在察血脈。認來龍也。聖人作都。不言華嵩之脈絡。而言瀍澗之相交。則知所認之來龍。訒之以瀍澗也。（訒音孕，言語遲緩之意。）又引公劉遷幽相陰陽。觀流泉。以合觀之。見聖人作法。千古一揆也。

繼大師註《解》：周武王（姬發）約在公元前1046年在「鎬京」定都（今之洛陽），為西周，三年後駕崩。據楊筠松祖師在《垣局篇》所說，周武王在洛陽之南面山脈去堪察北面，又走到洛陽北面山崗處堪察南面。

洛陽中間有一條洛河，水由西南（坤）向東北（艮）流，中間一段頗闊，兩端較窄，把南北兩岸分開，其地形為南北短，東西長。

洛陽之南方龍門為伊河之來水口方，伊河以伏牛山與熊耳山近三川地方，為水流之源頭，全長約二百公里。洛陽遠靠北面山脈，後有像北斗七星形之黃河，再北有太行山山脈，又有洛河與伊河相夾，流至偃師市與鞏義市之中間會合，經鞏義市而流入黃河。

《原文》：晉世景純傳此術。演經立義出元空。朱雀發源生旺氣。一一講說開愚蒙。

蔣大鴻（平階）註《傳》：推原元空大卦。不始於楊公。蓋郭景純（郭璞）先得青囊之祕。演而立之。直道周公制作之精意者也。乃其義不過欲朱雀發源得生旺之氣耳。來源既得生旺。即是來龍生旺。而諸福坐致矣。

來源若非生旺。則來龍亦非生旺。而禍不旋踵矣。景純（郭璞）當日以此開喻愚蒙。其如愚蒙之領會者少也。

俗說：龍取生旺之氣於穴中。水取生旺之氣於穴前。又指氣之生旺爲長生、帝旺、墓庫，合三叉者非。

《原文》：一生二兮二生三。三生萬物是元關。

張心言補註《疏》：一奇二偶而成三。而百千萬億之數皆始於此。

《原文》：山管山兮水管水。

張心言補註《疏》：與四十八局圖說參看。山地收峰法。疏明《天玉經》「四位一般看」註下。

《原文》：此是陰陽不待言。

蔣大鴻（平階）**註《傳》：陰陽之妙用始於一。有一爻。卽有三爻。有一卦卽有三卦。故曰一生二。二生三。此乃天地之元關。萬物生生之橐籥也。**（繼大師註《解》：橐籥音托藥，古代冶煉時，用來鼓風吹火的裝置，現在人稱「風箱。」比喻自然、造化之意。）**又恐人認山水為一而不知辨別。故言山之元關自管山。而水之元關自管水。不相混雜。蓋山有山之陰陽。而水有水之陰陽。爾通乎此義。則世之言龍穴砂水者。真未夢見矣。俗說生旺墓三合為元關者非。**

張心言補註《疏》：朱爾謨曰。言龍穴砂水。並不曾差。氣之來為龍。氣之止而聚者為穴。砂者所以衛穴。砂抱而後穴真。水者所以驗氣。水界而後氣止。蔣子筆意奔放。未免言大而誇。

《原文》：識得陰陽元妙理。知其衰旺生與死。

張心言補註《疏》：一白坤卦䷁龍旺。乾卦䷀水旺。為天地定位。
二黑觀卦䷓龍旺。大壯䷡水旺。為雷風相薄。
三碧晉卦䷢龍旺。需卦䷄水旺。為水火不相射。
四綠萃卦䷬龍旺。大畜䷙水旺。為山澤通氣。
五黃或龍與水相對。或有兩水夾對。合五、合十是也。
六白剝卦䷖龍旺。夬卦䷪水旺。為四六對。
七赤比卦䷇龍旺。大有䷍水旺。為三七對。
八白豫卦䷏龍旺。小畜䷈水旺。為二八對。
九紫否卦䷋龍旺。泰卦䷊水旺。為一九對。
此初學入門之法。神而明之。更有進焉。當與二十四圖參看。

繼大師註《解》：張心言地師已經說得非常清楚，山水、零正、陰陽、上中下三元之元運，在這段註解中表露無遺，唯待明師一點即通也。

《原文》：不問坐山與來水。但逢死氣皆無取。

蔣大鴻（平階）註《傳》：此節暢言地理之要。只在衰旺生死之辨也。衰旺有運。生死乘時。陰陽元妙之理。在乎知時而已。坐山有坐山之氣運。來水有來水之氣運。所謂山管山。水管水也。

二者皆須趨生而避死。從旺而去衰。然欲識得此理。非真知河洛之秘者不能。豈俗師所傳。龍上五行收山。向上五行收水。順逆長生之說。所能按圖而索驥者乎。

《原文》：先天羅經十二支。後天再用干與維。八干四維輔支位。子母公孫同此推。

張心言補註《疏》：此下將要暢說卦理作用。卻仍不肯將六十四卦說明。故於此處先將羅經廿四字提出說。不過借他作個引子。是子與孫也。而其中實有公與母在焉。故蔣註有識得子母公孫云云。

蔣大鴻（平階）註《傳》：羅經二十四路已成之跡。人人所知。何須特舉。此節非言羅經製造之法。蓋將羅經直指雌雄交媾之元關。以明衰旺生死之作用爾。

十二支乃周天列宿之十二次舍。故曰先天。地道法天。雖有十二宮。而位分八卦。每卦三爻。則十二宮不足以盡地之數。故十干取戊己歸中。以為皇極。而分佈八干。為四正之輔佐。

然猶未足卦爻之數。遂以四隅四卦補成三八。於是卦為之母。（張心言補註《疏》：卦指六十四卦）而二十四路為之子焉。卦為之公。而二十四路為之孫焉。識得子母公孫。則雌雄之交媾在此。金龍之血脈在此。龍神之衰旺生死亦盡乎此矣。

俗註：「子、寅、辰、乾、丙、乙」一龍為公。「午、申、戌、坤、辛、壬」二龍為母。「卯、巳、丑、艮、庚、丁」三龍為子。「酉、亥、未、巽、癸、甲」四龍為孫非。

張心言補註《疏》：崔止齋曰。說六十四卦。原只說得八卦。無非將八卦翻來倒去。便成六十四卦。程子謂邵子《皇極經世》是加一倍法。要知加一倍法。即因而重之之註腳也。

《原文》：二十四山分順逆。共成四十有八局。

張心言補註《疏》：將六十四卦分佈二十四山。而後四十八局可推也。四十八局圖註見卷首。

《原文》：五行即在此中分。祖宗卻從陰陽出。

張心言補註《疏》：即《青囊經》註。一六水。二七火。三八木。四九金。五十土。是也。陰陽即《青囊經》蔣傳：「舉陽之乾☰為天。對以陰之坤☷為地。六十四卦亦猶是也。」

《原文》：陽從左邊團團轉。陰從右路轉相通。

張心言補註《疏》：自乾䷀至復䷗為陽儀。左轉自姤䷫至坤䷁為陰儀。右轉於六十四卦中。隨舉相對兩卦。無不一陰一陽。至用爻之法。及卦之陰陽。爻之順逆。則更有說。宜玩首卷末卷。

《原文》：有人識得陰陽者。何愁大地不相逢。

蔣大鴻（平階）註《傳》：此一節申言上文未盡之旨也。子母公孫。如何取用。蓋二十四山止應二十四局。而一山之局。又有順逆不同。如有順子一局。即有逆子一局。一山兩局。豈非四十八局乎。

此局得何五行。則龍神得何五行。五行不在此中分乎。然五行之根源宗祖。非取有形可見。有跡可尋之二十四山分五行。乃從元空大卦。雌雄交媾之真陰真陽分五行也。

張心言補註《疏》：明明説破。不要在有形有跡之二十四字上分五行。有何大卦小卦之分耶。不過遮眼法耳。若將此四字換作六十四卦四字。閱者自當了然。

蔣大鴻（平階）註《傳》：論至此元空立卦之義。幾乎盡矣。而又恐人不知陰陽為何物。又重言以申明之。曰：如「陽從左邊團團轉」。則「陰必從右路轉相通。」言有陰即有陽。有陽即有陰。所謂陰陽相見。雌雄交媾。元空大卦之秘旨也。

一六四九雙雙起。夬姤剝復顛顛倒。往來闔闢團團轉。卦象順逆爻爻到。

一陽之復。生二陰之遯。二陽之臨。生三陰之否。三陽之泰。生四陰之觀。

四陽之遯。生五陰之復。五陽之夬。生六陰之坤。巳為乾卦。

六陽之巳。生一陽之復。午為姤卦。一陽之姤。生二陽之臨。

未為遯卦。二陰之未。生三陽之泰。申為否卦。

三陰之申。生四陽之大壯。

酉為觀卦。

四陰之酉。生五陽之夬。

戌為剝卦。

五陰之戌。生二陽之臨。

亥為坤卦。六陰之亥。

生一陰之姤。

右過陰儀。左過陽儀。

六十四卦不外「乾、兌、離、震、巽、坎、艮、坤」八卦也。自乾至復四宮。其外三爻以「乾、兌、離、震、巽、坎、艮、坤。」順加。所謂：「陽從左邊團團轉也。」

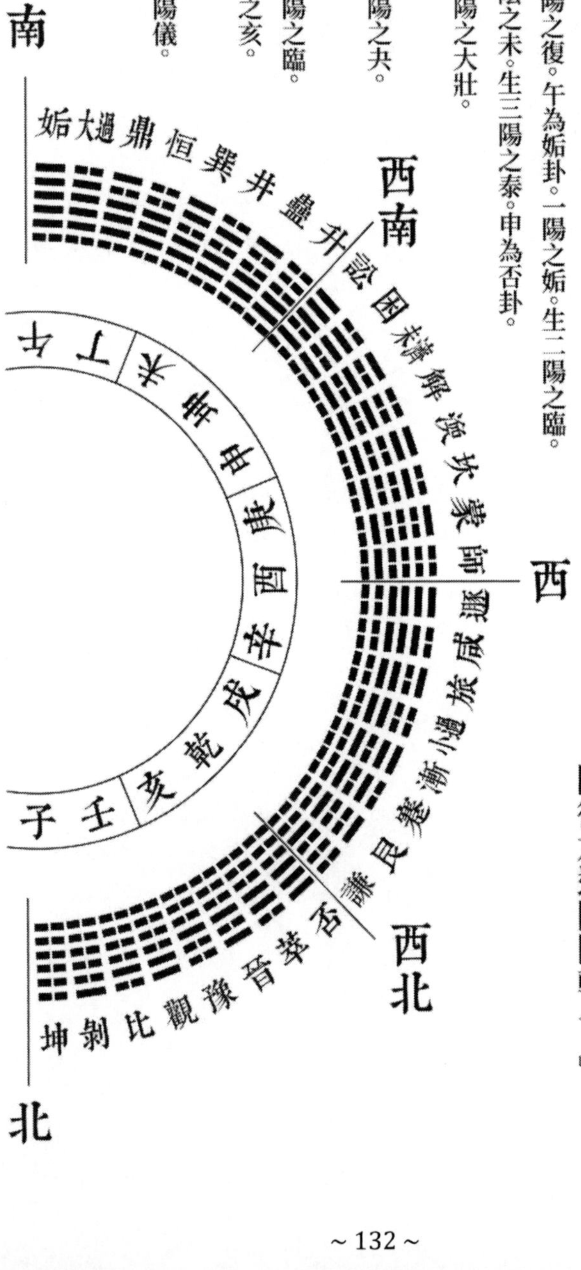

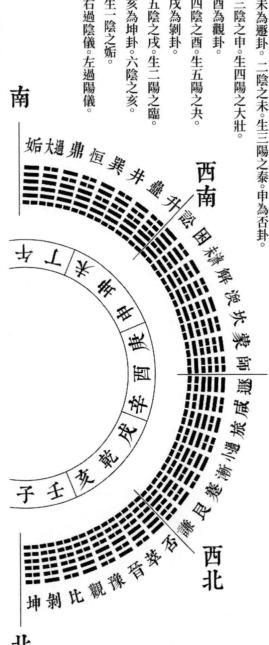

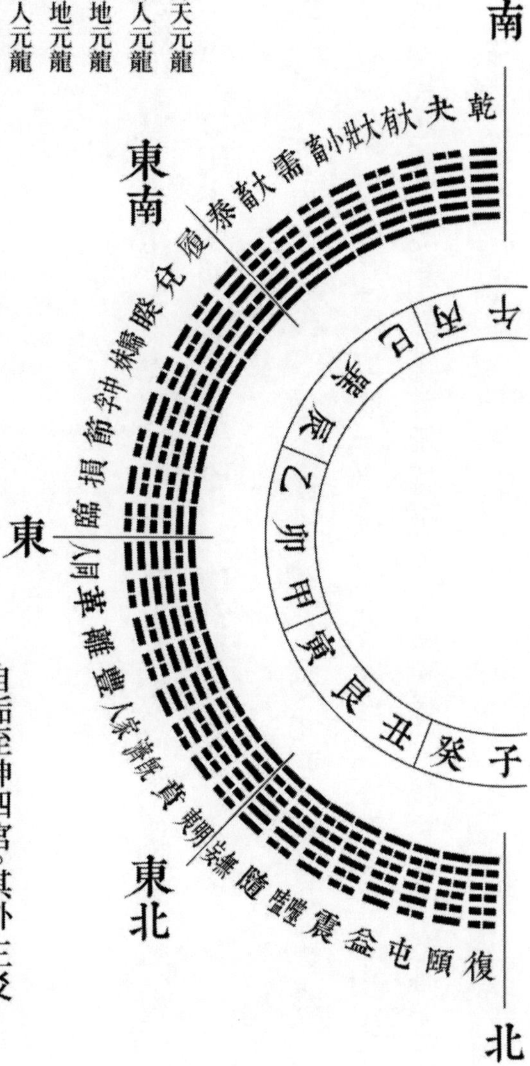

一九為貪狼弼
為父母南北卦

二為巨　江西卦天元龍
三為祿　江西卦人元龍
四為文　江西卦地元龍
六為武　江東卦地元龍
七為破　江東卦人元龍
八為輔　江東卦天元龍

一是貪　九與貪為一例
二是巨　八與巨為一例
七是破　三與破為一例
六是武　四與武為一例

自姤至坤四宮。其外三爻以「乾、兌、離、震、巽、坎、艮、坤。」逆加。所謂：「陰從右路轉相通也。」

言左右。則上下四旁皆如是矣。此即上文「龍分兩片……江南龍來江北望。」之意。而反覆言之者也。無奈世人止從形跡上著眼。不能領會元空大卦之妙。故又發歎曰。有人識得此理者。乃識真陰陽。真五行。真血脈。真神龍。隨所指點。皆天機之妙。何愁大地不相逢乎。若不識此。雖大地當前。目迷五色。未有能得其真者也。俗注：陽龍左行爲順。陰龍右行爲逆。陽亥龍左行爲甲木。陰亥龍右行爲乙木之類非。

《原文》：陽山陽向水流陽。執定此説甚荒唐。陰山陰向水流陰。笑殺拘泥都一般。若能勘破個中理。妙用本來同一體。陰陽相見兩為難。一山一水何足言。

蔣大鴻（平階）註《傳》：又言所謂識得陰陽者。乃元空大卦真陰真陽。而非世之所謂淨陰淨陽也。若據淨陰淨陽之說。則陽山必須陽向而水流陽。陰山必須陰向而水流陰。時師拘拘於此。而不知其實無益也。真陰真陽。自有個中之妙。世人不得真傳，無從勘破耳，若有明師指點。一言之下。立時勘破。則知不但淨陰淨陽不可分。所謂真陰真陽者。雖有陰陽之名。而止是一物。又何從分。

既知陰陽爲一物。則隨手拈來。無非妙用。山與水爲一體。陰與陽爲一體。二十四山卦氣相通者。皆爲一體矣。夫淨陰淨陽者。一山只論一山之陰陽。一水止論一水之陰陽。故拘執有形。不能觸類旁通耳。

元空大卦。一山不論一山之陰陽。而論與此山相見之陰陽。一水不論一水之陰陽。而論與此水相見之陰陽。所以爲難知難能。而入於微妙之域。此豈淨陰淨陽之說。拘於有形者。所可同日而語哉。

繼大師註《**解**》：山水之陰陽，以穴前或平房屋前所見之山水，量度出其向度，配合上下元元運，以卦向之零神正神，配對面前可見之山水陰陽，得卦氣山水而元運當旺則吉，元運失元則凶。

城市內高樓大廈的單位，門向以正神卦為旺，客廳窗台外以見山收正神卦為旺，見水收零神卦為旺，門與窗台外之收氣，兩者同看；這是審氣功夫，最為難學，須得明師真傳。

《原文》：二十四山雙雙起。少有時師通此義。五行分佈二十四。時師此訣何曾記。

張心言補註**《疏》**：即以乾宮☰八卦論之。乾䷀與夬䷪四九為友。大有䷍與大壯䷡三八為朋。小畜䷈與需䷄二七同道。大畜䷙與泰䷊一六共宗。推之二十四山無不雙雙起者是。即五行之分佈也。凡有不能一卦收清者。則以雙山收之。合四象作法。

繼大師註**《解》**：這六十四卦之雙山雙向，不同於廿四山之雙山雙向，廿四山雙山用於擇日尅應上，凶則應凶，吉則應吉，其尅應年份在於墳穴或陽居的坐向上，屬何廿四山天干及地支位。其主導吉凶者仍然由六十四卦向度作決定。六十四卦之雙山雙向，每宮四對卦，共八卦，為一陽一陰，卦卦如是，宮宮相同，以上乾宮八卦之卦例，張心言地師已經說得非常清楚，至於在使用上，只待得明師真傳！

蔣大鴻（平階）註《傳》：即上文二十四山分順逆之義。而重言以歎美之。此雙雙起者。一順一逆。一山兩用。

張心言補註**《疏》**：此論其體。即四十八局之註腳也。

蔣大鴻（平階）註《傳》：故曰雙雙也。五行分佈者。二十四山。各自爲五行。不相假借也。雖如此云。而其中實有奥義。惟得祕訣者。乃能通之。時師但從書卷中搜索。必不得之數也。於此可見二十四山成格有定。執指南者。人人能言之。而微妙之機。不可測識矣。俗註。乾亥爲一。甲卯爲一。丁未爲一之類。釋雙雙起者非。

《原文》：山上龍神不下水。水裏龍神不上山。用此量山與步水。百里江山一晌間。

蔣大鴻（平階）註《傳》：此卽上文山管山。水管水之義。而重言以歎美之。且又以世人之論龍神。但以山之脈絡可尋者爲龍神。卽其所用水法。亦以山龍之法。不求乎水以資其用耳。不知山與水。乃各自有龍神也。特爲指出。以正告天下後世焉。

山上龍神。以山爲龍者也。專以山之陰陽五行推順逆生死。而水非所論。水裏龍神以水爲龍者也。專以水之陰陽五行推順逆生死。而山非所論剛柔異質。燥濕殊性。分路揚鑣。不相借也。卽有山龍而兼得水龍之氣者。亦山自爲山。水自爲水。非可以山之陰陽五行混入乎水之陰陽五行也。

山則量山。以辨山之純雜長短。水則步水。以辨水之純雜長短。得此山水分用之法。百里江山。一覽在目。此青囊之祕訣。亦青囊之捷訣也。嗚呼。此言自曾公安剖露以來。於今幾何年矣。而世無一人知者。哀哉。

俗注：論山用雙山五行。從地卦查來龍入首。論水用三合五行。從天卦查水神去來者非。

《原文》：更有淨陰淨陽法。前後八尺不宜雜。斜正受來陰陽取。氣乘生旺方無煞。

張心言補註《疏》：此一卦純清法也。係「乾䷀、兌䷹、離䷝、震䷲、泰䷊、損䷨、既濟䷾、益䷩」等卦。蓋此十六卦為四十八局之父母。故尤不可雜以他卦來脈。無論斜正。先以近身所受一節辨陰陽較生旺。

繼大師註《解》：一運父母貪狼八大卦為：「乾䷀、兌䷹、離䷝、震䷲、巽䷸、坎䷜、艮䷳、坤䷁。」九運父母八大卦為：「泰䷊、否䷋、恒䷟、益䷩、既濟䷾、未濟䷿、損䷨、咸䷞。」「龍、山、向、水」配以同運卦，為一卦純清格局。

如來龍為「艮䷳」卦，穴之坐山為「坤䷁」卦，穴向「乾䷀」卦，水口為「兌䷹」卦，為一卦純清貪狼一運父母大局。又如來龍為「咸䷞」卦，穴之坐山為「否䷋」卦，穴向「泰䷊」卦，水口為「損䷨」卦，為一卦純清九運父母大局。這些組合，必是真龍大地始能配合，巒頭合理氣也。

《原文》：來山起頂須要知。三節四節不須拘。只要龍神得生旺。陰陽卻與穴中殊。

張心言補註《疏》：辨前一節二節龍水陰陽生旺。上四句主初年。此主遠年。

蔣大鴻（平階）註《傳》：此淨陰淨陽。非陽龍陽向水流陽之淨陰淨陽也。蓋龍脈只從一卦來。則謂之淨。若雜他卦。卽謂之不淨。而辨淨與不淨。尤在貼身一節。或從前來。或從後至。須極清純。不得混雜。八尺言其最近也。

張心言補註《疏》：蔣註少晦。蓋此局既取一卦純清。則峽上格龍卦外。不得寬以八尺前後。指卦路兩旁。

蔣大鴻（平階）**註《傳》：言此尤爲扼要，所謂血脈也。**

張心言補註**《疏》**：峽之兩旁。必有水界。是為血脈。

蔣大鴻（平階）**註《傳》：一節以後。則少寬矣。此節須純乎龍運生旺之氣。若一雜他氣。即是煞氣。吉中有凶矣。來水如此。來山亦然。**

張心言補註**《疏》**：水即是山。山即是水。此節上下文。不得拘泥看。

蔣大鴻（平階）**註《傳》：須審其起頂出脈結穴。一二節之近。要得龍神生旺之氣。蓋龍頂上聚。受氣廣博。能操禍福之柄。即或直來側受之穴。結穴之處。與來脈不同。而小不勝大。可無虞也。此以知山上龍神。水裏龍神。皆以來脈求生旺。而尤重在到頭一節。學者不可不慎也。俗注。以左轉右轉順逆爲陰陽者非。**

繼大師註**《解》**：無論山龍或水龍，若是真龍結穴，其到頭一節，其來脈最好在一卦之內，以定其元運之衰旺，當元可造，失元勿造，這些尋龍點穴功夫一定要懂得，再配合理氣，則能操控禍福。

若真穴之到頭一節來脈在雙山之卦內，繼大師認為要再看特朝山峰，以此決定龍運是上元兼下元，或是下元兼上元，穴立當元雙山雙向則吉祥。若穴之到頭一節來脈在空亡線上，則穴多是虛花假穴，此為巒頭配合理氣之用法，兩者同看，不可偏廢。

《原文》：天上星辰似織羅。水交三八要相過。水發城門須要會。卻如湖裏雁交鵝。

張心言補註**《疏》**：三八作一六等字看。取其真夫婦也。玩十六圖自明。雁形小行疾。鵝形大行徐。喻大水之交小水入局也。

如嘉興城。幹水從石門塘來。至西門會南來之水。抱城流轉走北門而大合襟。卻分一小水。從西門流入。朝於府前幹水。庚字坎☵卦朝水。未字巽卦☴。是為二七。不曰樹交枝。而曰雁交鵝。蓋樹木本直硬。不若鵝雁之生機活潑也。

繼大師註**《解》**：這裡除說巒頭之水法外，取兩水相交，地氣生氣同聚於中間地方，兩水之流神最好成洛書生成之數，無論是共路生成夫婦卦或生成夫婦卦均好，如廿四山之「庚」字為「坎☵」卦朝水，「未」字為「巽☴」卦，先天數成二七，如此類推。

蔣大鴻（平階）註《傳》：此以天象之經緯。喻水法之交會也。列宿分佈周天。而無七政以交錯其中。則乾道不成。而四時失紀矣。幹水流行地中。而無支流以界割其際。則地氣不收。而立穴無據矣。故二十四山之水。其間必有交道相過。然後血脈真而金龍動。

大幹小枝。兩水相會。合成三叉而出。所謂城門者是也。湖裏雁交鵝。言一水從左來。一水從右來。兩水相遇。如鵝雁之一往一來也。詳言水龍審脈之法。而立穴之妙。在其中矣。

《原文》：富貴貧賤在水神。水是山家血脈精。山靜水動晝夜定。

張心言補註《疏》：靜則晝夜俱靜。動則晝夜俱動。一定之理也。

繼大師註《解》：這要分晝夜潮汐之漲退而定。

《原文》：水主財祿山人丁。乾坤艮巽號御街。四大尊神在內排。

張心言補註《疏》：半乾全戌。內有艮卦䷳在。半坤全未。內有巽卦䷸在。半艮全丑。內有震卦䷲在。半巽全辰。內有兑卦䷹在。故曰在內排也。以其為父母卦。故號御街。而稱四大尊神焉。然則御街不盡此也。

繼大師註《解》：廿四山之「乾、戌」位之間為「艮☶」卦，在後天「坤宮☷」之「未」山兼「丁」為「巽☴」卦，在後天「艮宮☶」之「丑」兼「癸」為「震☳」卦，「巽、辰」之間為「兌☱」卦，這「艮☶、兌☱、巽☴、震☳」四卦為貪狼一運卦，故號御街，此四卦在四隅宮位內，故稱四大尊神在內排。

《原文》：生尅須憑五行佈。要識天機元妙處。乾坤艮巽水長流。吉神先入家豪富。

蔣大鴻註《傳》：乾坤艮巽。各有衰旺生死。非可槪用。須用五行辨其生尅。生卽生旺。尅卽衰死。生爲吉神。死爲凶神。要在元空大卦。故云天機元妙處也。

《原文》：請驗一家舊日墳。十墳埋下九墳貧。惟有一家能發福。去水來山盡合情。宗廟本是陰陽元。得四失六難為全。三才六建雖是妙。得三失五盡為偏。蓋因一行擾外國。遂把五行顛倒編。以訛傳訛竟不明。所以禍福為胡亂。

蔣大鴻（平階）註《傳》：此節旁引世俗五行之謬。以見地理之道。惟有元空大卦看雌雄之法。所以尊師傳戒後學也。蓋唐以後。諸家五行。雜亂而出。將以擾外國。而反以禍中華。至今以訛傳訛。流毒萬世。曾公所以辨之深切也歟。

繼大師註《解》：一行禪師活於唐代 683 — 727 年間，是唐、魏州昌樂人，本名張遂，為唐太宗功臣 — 張公謹之孫，曾有道士伊崇授以《太玄經》，因避開武三思之拉攏，避免牽涉王難之災，　張遂至嵩山嵩陽寺剃度為僧。

（武三思 649 年 — 707 年，並州文水人，今屬山西，女皇武則天的侄子，武周宰相，荊州都督武士彠之孫，武士彠，字信明，隋末唐初官員，是隨李淵在晉陽起兵的功臣，亦是中國唯一的女皇帝武則天的父親，死後謚號魏忠孝王。武三思因密謀廢太子李重俊，卻在重俊之變時被李重俊所殺。）

張遂出家的法號名敬賢，號一行，是金剛照之弟子，金剛照為唐、開元三大士善無畏的弟子（三大士為：善無畏、金剛智、不空），張遂出家後，博覽群經，精通曆算。

開元九年，奉詔改曆，時經七年而成《大衍曆》初稿，是年冬十一月廿五日病逝於新豐，壽四十五虛歲。著有《地理經》、《呼龍經》、《庫樓經》、《葬律秘密經》、《大衍論》、《金圖地鑑》等書，他又從善無畏大士筆受《大日經》，並作疏，為中國佛教唐代密宗之真言宗祖師。

曾公說一行禪師撰寫風水偽書，以此擾亂外族，後來偽術回流中土，為害中華。

《本篇完》

《青囊序》完

（十二）《青囊奧語》唐、楊益（筠松）著《原文》——姜垚（汝皐）《註》
張心言（綺石）補註《疏》——繼大師註《解》

姜垚（汝皐）註《註》：楊公得青囊正訣。約其旨爲奧語。以元空之理氣。用五行之星體。而高山平地之作法。已該括於其中。然非得其真傳口訣者。索之章句之末。終不能辨。謂之奧語。誠哉其奧語也。

《原文》：坤壬乙。巨門從頭出。

張心言補註《疏》：坤中之升䷭。壬中之觀䷓。二運巨門也。乙中之節䷻。八運輔星也。二與八通。取八運以補二運之偏。故姜垚謂坤壬乙。非盡巨門。而與巨門為一例。

《原文》：艮丙辛。位位是破軍。

張心言補註《疏》：丙中之大有䷍。七運破軍也。若艮中之明夷䷣。辛中之小過䷽。三運祿存也。七與三通。取七運以補三運之偏。

《原文》：巽辰亥。盡是武曲位。

張心言補註《疏》：辰中之履䷉。六運武曲也。若巽中之大畜䷙。亥中之萃䷬。四運文曲也。六與四通。取六運以補四運之偏。

繼大師註**《解》**：這裡說「巽辰亥」，不說「巽巳亥」，履卦䷉在「巽兼辰」方，並非在「辰」山，大畜卦䷙在「巽、巳」界線，張氏只說「巽中之大畜䷙」，這裡只說廿四山中四六運卦位的大概位置，很明顯他是不想詳細解說。楊公亦不想說明，只用暗話，如同謎語，若要知真相，須得明師真傳。

《原文》：甲癸申。貪狼一路行。

張心言補註《疏》：甲中之離䷝。一運貪狼也。癸中之益䷩。申中之未濟䷿。九運弼星也。一與九通。取弼星以補貪狼之偏。九星另有參變處。詳寶照經天元註。

繼大師註**《解》**：以上口訣就是四十八局的父母生子息卦關係，一運與九運合十，一運生六七八運，九運生二三四運，同運為兄弟卦，合十運為輔助兄弟卦。

廿四山之「坤」中之二運巨門地風升卦䷭，「乙」中之八運輔星水澤節卦䷻，二運與八運合十輔助兄弟卦。

「丙」中之七運破軍火天大有卦䷍，「艮」中之三運祿存地火明夷卦䷣，「辛」中之三運祿存雷山小過卦䷽，七運與三運為合十輔助兄弟卦。

「巽」中之四運文曲山天大畜卦䷙，這裡說「辰」，其實是指隔鄰「巽」中之六運武曲天澤履卦䷉，「亥」中之四運文曲澤地萃卦䷬，六運與四運為合十輔助兄弟卦。

「甲」中之一運貪狼父母離卦䷝，「癸」中之九運弼星父母風雷益卦䷩，「申」中之九運弼星父母火水未濟卦䷿，一運與九運為父母卦中之合十輔助兄弟卦。其餘各類卦例相同。

姜垚（汝皋）註《註》：挨星五行。卽九星五行也。貪、巨、祿、文、廉、武、破、輔、弼。一一挨去。故曰挨星。元空大卦五行。亦卽挨星五行。名異而實同者也。此五行原本洛書九氣。而上應北斗。主宰天地化育之道。斡維元運。萬古而不能外也。

此九星與八宮掌訣九星不同。唐使僧一行作卦例。以擾外國。專取貪、巨、武爲三吉。其實非也。夫九星乃七政之根源。八卦乃乾坤之法象。皆天寶地符精華妙氣。顧於其中。分彼此。比優劣。真庸愚之識。詭怪之談矣。

止是。天地流行之妙。與時相合者吉。與時相背者凶。故九星八卦。本無不吉而有時乎吉。本無有凶而有時乎凶。所以其中有趨有避。真機妙用。全須祕密耳。真知九星者。豈惟貪、巨、武爲三吉。即破、祿、廉、文、輔、弼五凶亦有吉時。

真知八卦者。豈惟坎☵、離☲、乾☰、坤☷四陽卦爲凶。即震☳、巽☴、艮☶、兌☱四陰卦亦有凶時。斯得元空大卦之真訣矣。奧語首揭。此章乃挨星大卦之條例。

坤壬乙。非盡巨門。而與巨門爲一例。艮丙辛。非盡破軍。而與破軍爲一例。巽辰亥。非盡武曲。而與武曲爲一例。甲癸申。非盡貪狼。而與貪狼爲一例。

其中隱然有挨星口訣。必待真傳。人可推測而得。若舊註以坤、壬、乙。天干從申、子、辰三合爲水局。故曰文曲。艮、丙、辛。天干從寅、午、戌三合爲火局。故曰廉貞之類謬矣。又有云。長生爲貪狼。臨官爲巨門。帝旺爲武曲。亦謬。

《原文》：左為陽。子癸至亥壬。右為陰。午丁至巳丙。

姜垚（汝皐）註《註》：此節言大五行陰陽交媾之例。如陽在子癸至亥壬。則陰必在午丁至巳丙矣。自子至壬。自午至丙。路路有陽。路路有陰。以此爲例。須人自悟也。非拘定左邊爲陽。右邊爲陰。若陰在左邊。則陽又在右邊矣。亦可云左右。亦可云東西。亦可云前後。亦可云南北。皆不定之位。雌雄交媾。非有死法。故曰元空。

舊註自子丑至戌亥左旋爲陽。自午至申未右旋爲陰。謬矣。

繼大師註《**解**》：這裡說得很含糊，楊公不想令讀者們明白他以廿四山去解說六十四卦。「左為陽」即廿四山由「子、癸」逆時針方向排至「亥、壬」，用意是指出逆時針排法的方向性。

在三元天盤六十四卦的「半午位兼丙」至「半子位兼癸」屬陽為順排，是逆時針方向排，由乾宮☰九，經兌宮☱四、離宮☲三，然後至震宮☳八，依首四個洛書數排去，故九四三八為陽。

「右為陰」即廿四山之「午、丁」順時針方向排至「巳、丙」是指順時針排法的方向性。在三元天盤六十四卦的「半午位兼丁」至「半子位兼壬」屬陰為逆排，是順時針方向排，由巽宮☴二，經坎宮☵七、艮宮☶六，然後至坤宮☷一，依末四個洛書數排去，故二七六一為陰。

《原文》：雌與雄。交會合元空。雄與雌。元空卦內推。

姜垚（汝皋）註《註》：元空之義。見於曾序江南節註。

《原文》：山與水。須要明此理。水與山。禍福盡相關。

姜垚註《註》：山有山之卦氣。水有水之卦氣。脫不得陰陽交媾之理。山有山之禍福。水有水之禍福。有山禍而水福。有山福而水禍。有山水皆福。有山水皆禍。互相關涉。品配為用。

《原文》：明元空。只在五行中。知此法。不須尋納甲。

姜垚（汝皋）註《註》：九星五行大卦之法。只明元空二字之義。則衰旺生死瞭然指掌之間。不必尋乾納甲。坤納乙。巽納辛。艮納丙。兌納丁。震納庚。離納壬。坎納癸之天父地母。一行所造卦倒矣。

《原文》：顛顛倒。

張心言補註《疏》：句含三義。卦反。爻反。無非癲癲倒也。

繼大師再補註：《解》「卦反」即覆卦。「爻反」即綜卦。故云癲癲倒。

《原文》：二十四山有珠寶。順逆行。二十四山有火坑。

張心言補註《疏》：應順者逆。應逆者順。

繼大師註：《解》無論陰宅或陽居，立向收得山水之當元卦運，則是「珠寶」線。若然錯收卦向，就是「火坑」線；「二十四山」即是「六十四卦」。

姜垚（汝皋）註《註》：顛倒順逆。皆言陰陽交媾之妙。二十四山陰陽不一。吉凶無定。合生旺則吉。逢衰敗則凶。山山皆有珠寶。山山皆有火坑。毫釐千里。間不容髮。非真得青囊之祕。何以能辨之乎。

《原文》：認金龍。一經一緯義不窮。動不動。直待高人施妙用。

姜垚（汝皋）註《註》：易云乾爲龍。乾屬金。乃指先天真陽之氣。無形可見者也。地理取義於龍。正謂此耳。一經一緯。卽陰陽交媾之妙。金龍之經緯。隨處而有。而動與不動。去取分焉。必其龍之動。而後妙用出焉。若不動者。不可用也。金龍既屬無形。從何可認。認得動處。卽知用法。所以有待高人也歟。

《原文》：第一義。要識龍身行與止。第二言。來脈明堂不可偏。第三法。傳送功曹不高壓。第四奇。明堂十字有元微。第五妙。前後青龍兩相照。第六秘。八國城門鎖正氣。第七奧。要向天心尋十道。第八裁。屈曲流神認去來。第九神。任他平地與青雲。第十真。若有一缺非真情。

姜垚（汝皋）註《註》：上節言金龍之動不動。而此節緊頂龍身行與止。學者不可忽也。蓋有動則有止。不動。則雖有金龍。只是行龍。原無止氣。故高人妙用。以此爲第一。有此一著。然後其餘作法。可次第而及也。

來脈明堂不可偏。非謂來脈必與明堂直對。不可偏側也。若如所云。則子龍必作午向。亥龍必作巳向矣。來龍結穴變化不一。有直結者。有橫結者。有側結者。豈容執一。楊公之意。蓋謂來脈自有來脈之受氣。明堂自有明堂之受氣。二者須各乘生旺。兼而收之。不可偏廢也。

傳送功曹。乃左右護龍星辰。蓋真龍起頂。必高於護砂。乃爲正結。若左右二星。反壓本山。非龍體之正矣。平地亦然。貼身左右。有高地掩蔽陽和。房分不均。俗術所不覺也。

十字元微。乃裁穴定向之法。雖云明堂。實從穴星內看十字。明此十字。則穴之上下左右。向之偏正饒減。盡於此矣。其云元微。誠哉其元微也歟。

前後青龍兩相照。從唇托龍虎定穴法者。此義易知。八國。城也。八國有不滿之處。是曰城門。蓋城門通正氣之出入。而八國鎖之。觀其鎖定之方。便知是何卦之正氣。以測衰旺。而定吉凶也。故曰祕。

天心十道。緊頂八國城門而來。蓋城門既定。正氣之來蹤。又當於穴內。分清十道。乃知入穴正氣。廣狹輕重。銖兩平衡之辨（銖兩悉稱－形容兩者輕重相當，絲毫不差。）故曰奧。

此兩節專言入穴測氣。非論形勢也。不然。則與明堂十字。前後青龍兩條。不幾於複乎。屈曲流神。已是合格之地。然有此卦來則吉。彼卦來則凶者。概以屈曲而用之誤矣。須有裁度。乃可變通取用。故曰裁。

以上皆審氣之真訣。至微至渺者。一著不到。將有滲漏而失真情矣。平地高山。總無二法。上八句。各是一義。末二句。不過叮嚀以囑之。語氣奏拍。借成十節耳。

《原文》：明倒杖。卦坐陰陽何必想。

姜垚（汝皋）註《註》：此以下二節。專指山龍穴法。與平地無涉。因世人拘執淨陰淨陽之說。故一語破之。倒杖非必如俗傳十二倒仗法。此後人僞造也。只接脈二字。足盡倒杖真訣。既知接脈。便知真穴。既得真穴。使有真向。自然之陰陽已得。又何必淨陰淨陽之拘拘哉。

《原文》：識掌模。太極分明必有圖。

姜垚（汝皋）註《註》：山龍真穴。必有太極暈藏於地中。此暈變化不同。而其理則一。非道眼孰能剖露哉。

《原文》：知化氣。生尅制化須熟記。

姜垚（汝皋）註《註》：生旺之氣爲生。衰敗之氣爲尅。扶生旺之氣勝衰敗之氣。是爲制化。此一節兼平地而言。

《原文》：說五星。方圓尖秀要分明。曉高低。星峰須辨得元微。鬼與曜。生死去來真要妙。

姜垚（汝皋）註《註》：此三節。皆論山龍形體。不須另解。鬼曜之生死去來。是辨龍穴之要著也。龍之轉結者。背後必有鬼。有穴星如許長。而鬼亦如許長者。俗眼難辨。有反在鬼上求穴者。不知穴星是來脈爲生。鬼身是去脈爲死。察其去來。而真僞立辨矣。

盡龍左右龍虎。都生曜氣。向外反張。有似乎砂之飛走者。此真氣有餘。直衝上前。而餘氣帶轉。如人當風振臂。衣袖飄揚。反向後也。在真龍正穴。則爲曜氣。在無有穴之地。則爲砂飛。此其辨在龍穴。而不在砂也。

《原文》：向放水。生旺有吉休囚否。

姜垚（汝皋）註《註》：向中放水。世人莫不以來水特朝爲至吉。去水元辰走泄爲至凶。殊不知。向上之水。不論去來。

張心言補註《疏》：二句大有語病。詳卷末總論。

姜垚（汝皋）註《註》：若合生旺。則來固吉。去亦吉。若逢休囚。則去固凶。來亦凶。楊公因向上之水。關係尤緊。其說最能誤人。故特辨之。

《原文》：二十四山分五行。知得榮枯死與生。翻天倒地對不同。

張心言補註《**疏**》：翻天倒地。即顛顛倒之義。將山向與龍水對校。同為合運。否也。

繼大師註《**解**》：「翻天倒地」指綜卦，本卦及其綜卦配在龍山向水上，如「壬子」方內之山地剝卦䷖來龍，以「子兼癸」方之地雷復卦䷗作穴之坐山，「剝䷖」六運卦之綜卦為「復䷗」八運卦；向度為天風姤䷫八運卦，水口為澤天夬䷪六運卦，「姤䷫」八運卦之綜卦為「夬䷪」六運卦；龍、水為六運卦，山、向為八運卦，故並非全部是同運卦，為「六與八通」是也

《原文》：其中密秘在元空。認龍立穴要分明。在人仔細辨天心。

張心言補註《**疏**》：天心即斗杓所指之正運也。即今八運復卦䷗主運。豫卦䷏龍旺。小畜䷈水旺。

繼大師註《解》：雷地豫卦䷏為八運天心正運之龍及向。風天小畜䷈為八運天心正運之坐山及水。

《原文》：天心既辨穴何難。但把向中放水看。

張心言補註《疏》：上節「向放水」三字。姜垚註單指消水。此節「放」字作「流」字解。來水消水並看。

《原文》：從外生入名為進。

張心言補註《疏》：自此以下大向。並舉龍水與山向較生尅。為看地到頭工夫。疏明姜註句下。

《原文》：定知財寶積如山。從內生出名為退。家內錢財皆廢盡。生入尅入名為旺。子孫高官盡富貴。

姜垚（汝皐）註《註》：元空大卦之妙。祇「翻天倒地對不同」七字。二十四山既分定五行。則榮枯生死宜有一定矣。及其入用。有用於此時則吉。用於彼時則凶者。時之對不同者。其一也。有用之此處則吉。用之彼處則凶者。物之對不同者。又其一也。此其祕密之理。非傳心不可。

天心。卽上文第七奧之天心。另有辨法。非時師所謂天心十道也。若如時師之說。又何用仔細耶。天心既辨。則穴中正氣已定。而撓其權者。在向中所放之水也。從外生入。從內生出。此言穴中所向之氣也。我居於衰敗。而受外來生旺之氣。所謂從外生入也。

張心言補註《**疏**》：即今八運如收豫卦䷏。八白正運之龍。收小畜䷈二黑輔運之水。復卦䷗坐山。姤卦䷫出向。是為一卦純清。

夫豫卦䷏外三爻是震☳。為八白。豈非生旺之氣乎。復卦䷗外三爻是坤☷。為一白。用作坐山。豈非我居於衰敗乎。一屬水。八屬木。山能生龍。龍即生穴也。

繼大師註《**解**》：來龍為雷地豫卦䷏，穴之坐山為地雷復卦䷗，穴之向度為天風姤卦䷫，水口為風天小畜卦䷈，龍與山及向與水，為覆卦關係，全屬八運卦，為一卦純清之象。

生剋之說，全屬掩眼法，只要明白山水零正，配合元空時運，吉凶自然掌握在手。

姜垚（汝皋）註《註》：我居於生旺。而受外來衰敗之氣。似乎我反生之。故云從內生出也。此言穴中所向之氣。穴中既有生入之氣矣。而水又在衰敗之方。則水來剋我。適所以生我也。繼大師註《解》：此乃「負負得正」之理，

張心言補註《疏》：仍如上四卦收小畜䷈水。立姤卦䷫向。夫小畜外三爻是巽☴。為二黑。屬火。豈非水又在衰敗之方乎。姤卦外三爻是乾☰。為九紫。屬金。豈非剋我。即所以生我乎。爻象順逆另詳《天玉經》於維「乾、艮、巽、坤、壬」句下。

姜垚（汝皋）註《註》：內外之氣。一生一剋。皆成生旺。兩美相合。諸福畢臻。所以高官富貴。有異於常也。此其中。正有對不同者存焉。

舊注所云。小元空水生向、剋向為進神。向生水、剋水為退神非是。青囊豈有兩元空五行耶。

《原文》：脈息生旺要知因。龍歇脈寒災禍侵。縱有他山來救助。空勞祿馬護龍行。

姜垚（汝皐）註《註》：此下二節。總一篇之意。言先尋龍脈。以定穴之有無。次論九星。以辨氣之吉凶也。此一節先言形體。而以來龍之脈息爲重。外砂之護夾爲輕。

《原文》：勸君再把星辰辨。吉凶禍福如神見。識得此篇真妙微。又見郭璞再出現。

姜垚（汝皐）註《註》：此一節乃言卦氣。而以九星大五行爲主。言如上節所云。雖得來龍脈息之真穴。而吉凶禍福。尚未能取。必勸君再將挨星訣法。細審衰旺生死。而後可趨吉而避凶。轉禍而爲福。

一篇之旨。不過如此。苟能識其微妙。前賢與後賢。一般見識。一般作用。青囊二卷。更無餘義矣。

繼大師註《解》：風水之道，先識尋龍點穴之法，是為「巒頭」，穴既點着，再來就是立向，除明白六十四卦之使用法外，最困難的就是審氣工夫。

一般是見山收山，見水收水，有時是見山不是山，見水不是水，更甚者，見山又是山，見水又是水，與禪法類似，不得明師真傳，不能明白。

姜垚（汝皋）總註《註》：總論楊公此篇。其言元空大卦。挨星五行。即《青囊經上卷》。陽生於陰之義。而下卷理寓於氣之妙用也。其言倒杖、太極暈、五星、脈息。即《青囊經》《中卷》。形止氣蓄之義。而下卷氣囿於形之妙用也。一形一氣。括盡青囊之昌。而究其元機正訣。如環無端。不可捉摸。謂之曰奧語宜哉。

《本篇完》

《青囊奧語》完

（十三）《天玉經》── 唐、楊益（筠松）著 ── 蔣大鴻（平階）註《傳》張心言補註《疏》── 繼大師註解

唐、楊益（筠松）著《原文》
蔣大鴻（平階）註及傳《傳》
張心言補註《疏》
繼大師註《解》

《天玉經》內容撮要 ── 繼大師撰

〈**內傳上**〉內容為：江東江西卦之卦象各交通一爻及兩爻，三般卦，水法宮位兩儀之陰陽差錯，出卦與不出卦，父母倒排，十二陰陽，父母子息卦之三吉六秀，真假夫婦卦，陰陽交媾，零正二神，水之生出尅入，一氣清純之龍山向水，雙山雙向。

〈**內傳中**〉內容為：卦運挨星，卦爻之順逆排法，父母子息公孫卦，龍山向水排法，三合太歲斷尅應年份，三吉水，卦運九星，雌雄雙雙起之法，水流出卦之原理。

〈**內傳下**〉內容為：乾、卯、午、坤等卦力之高低大小，三般卦之出卦與不出卦，自庫與借庫，平陽山水收峰出大官之法，坎、離、乾、坤父母卦，帝釋、紫微、八武倒排父母卦例，七星打劫法，四正、四維卦位之水流長短，卦之零正陰陽兩路及前兼後兼，倒排父母子息卦，收山出煞訣。

《天玉經內傳上》

《原文》：江東一卦從來吉。八神四個一。

張心言補註**《疏》**：八神指六七八運。每運八卦也。其每卦內外爻。各爻通一爻。故謂之一。不曰八個。而曰四個者。每運八卦之中。一二三四。六七八九俱備。如在前四運。一二三四收龍。則六七八九收水。後四運反是。

此節單者。排龍不兼水論。故只有四個。六七八運。以乾☰坤☷為老父母。乾卦☰在針路之東。故曰江東。曰一卦。每運八卦合一卦純清之義。即《寶照經》所謂。八卦只有一卦通是也。

繼大師註《解》：以一運父母乾卦䷀為例，變初爻為天風姤䷫，變四爻為風天小畜䷈，均為一爻與四爻交通；變二爻為天火同人䷌，變五爻為火天大有䷍，均為二爻與五爻交通；變三爻為天澤履䷉，變上爻為澤天夬䷪，均為三爻與六爻交通；一運八個父母卦均如此，各江東卦每卦內外三爻，各交通一爻。

《原文》：江西一卦排龍位。八神四個二。

張心言補註《疏》：此指二三四每運之八卦也。每卦各交通兩爻。故謂之二。蓋二三四運以否䷋泰䷊為老父母。否卦䷋在針路之西。故曰江西排龍位從來吉。龍位宜吉對舉之。互交也。

繼大師註《解》：以九運父母卦地天泰卦䷊為例，變初爻為地風升䷭，變四爻為雷天大壯䷡，變後，升卦及大壯卦均為二三爻與五六爻交通兩爻；泰卦䷊變二爻為地火明夷䷣，變五爻為水天需䷄，變後，明夷卦及需卦均為一三爻與四六爻交通兩爻；泰卦䷊變三爻為地澤臨䷒，變上爻為山天大畜䷙，變後，臨卦及大畜卦均為一二爻與四五爻交通兩爻；江西九運八個父母卦均如此，各江西卦每卦內外三爻，各交通兩爻。

《原文》：南北八神共一卦。端的應無差。

張心言補註《疏》：指一九運之每運八卦也。否䷋泰䷊亦隸乾☰坤☷二宮。乾南坤北。故謂之南北。五運已見前註。

繼大師註《解》：一般人說有三元九運，或三元八運，二元九運，或二元八運，各說不一，張氏說有五運，惟得真傳而識用卦者自知也。

蔣大鴻（平階）註《傳》：天玉內傳。即青囊奧語。挨星五行。元空大卦之理。楊公妙用。止有一法。更無二門。此乃反覆其詞。以授曾安公者也。江南、江北、江東、江西。曾序已先下註脚矣。但南北東西應有四卦。而此云一卦者。緣元空五行。八卦排來。止有三卦故也。江東一卦者。卦起於西。

張心言補註《疏》：一說四卦收龍。四卦收水。龍在江東。水必在江西。龍在江西。水必在江東。是書活看龍字。地中之生氣為龍。水中之陽氣亦為龍。龍與水俱活潑潑地。故江東排龍卦起於西也。

一說地統於天。舉乾☰而言。則為江東。而坤☷為斗杓。所指九運由此而定。舉坤☷而言。則卦起江西也。

繼大師註《解》：八卦之中，各有四陽四陰，宮宮如是，四卦收龍收峰，四卦收水出煞，配合元運山水零正，定能邀福。

蔣大鴻（平階）註《傳》：所謂江西龍去望江東。故曰江東也。八神。即八卦之中。經四位而起父母。故曰八神。四個。言八神之中歷四位也。一者。此一卦只管一卦之事。

張心言補註《疏》：或為天元。或為人元。或為地元。故只管一卦三元說。註明寶照經天元節下。

蔣大鴻（平階）註《傳》：不能兼通他卦也。江西一卦者。卦起於東。反而言之。即謂「江東龍去望江西」亦可。故曰江西也。亦於八卦之中。經四位而起父母。故亦曰八神。四個二者。此一卦兼管二卦之事。

張心言補註《疏》：或兼天地。或兼人地。或兼天人。故兼管二卦。

蔣大鴻（平階）註《傳》：而不能全收三卦也。比如坎至巽。乃第四位。巽至兌。亦第四位。

張心言補註《疏》：二句犯實意晦。可刪。觀首卷傳中。舉陽之乾。對以陰之坤等句。及太極、兩儀、四象。無非借題發揮。指名六十四卦作法。試思三合盤上。乾與坤相對耶。恰又適還本經題面目。自是高手。惟此節既不肯說明卦理。只上文經四位而起父母。一句足矣。何用比擬。蓋每宮八卦之中。有二父母卦在。如乾宮☰則乾䷀與泰䷊。是故曰「經四位」也。然此論其體。四十八局方論其用。

繼大師註《**解**》：乾宮☰以乾䷀、泰䷊為父母卦。

乾卦䷀生出三卦子息。分別是：

變上爻——澤天夬卦䷪

變五爻——火天大有卦䷍

變四爻——風天小畜卦䷈

泰卦䷊生出三卦子息。分別是：

變上爻——山天大畜卦䷙

變五爻——水天需卦䷄

變四爻——雷天大壯卦䷡

剛好就是「乾宮☰」內的八個卦。其卦序是：

「乾䷀、夬䷪、大有䷍、大壯䷡、小畜䷈、需䷄、大畜䷙、泰䷊」八個卦。宮宮如是。為父母生子息卦。共四十八局。另外還有數十局，經上不見，知者幾希，惟得真傳者自明。

蔣大鴻（平階）註《傳》：八卦之中。各經四卦。故曰八神四個也。南北八神者。乃江北一卦。所謂「江南龍來江北望」也。不云四個者。此卦突然自起。不經位數。與東西兩卦不同也。八神共一卦者。此卦包含三卦。

張心言補註《疏》：或一卦分看。而三元已通。或兩卦對峙。而三元合化。故能包含三卦。

蔣大鴻（平階）註《傳》：總該八神。又非八神四個二之比也。夫此東西南北三卦。有一卦止得一卦之用者。有一卦兼得二卦之用者。有一卦盡得三卦之用者。此謂元空大卦祕密寶藏。非真傳正授。斷不能洞悉其妙者也。

俗注。寅至丙爲東卦。申至壬爲西卦。午至坤爲南卦。子至艮爲北卦非。

《原文》：二十四龍管三卦。莫與時師話。忽然知得便通仙。代代鼓駢闐。

蔣大鴻（平階）註《傳》：二十四龍本是八卦。而八卦又分三卦。此元空之祕。必須口傳。若俗註。丙本南離。而反屬東卦。壬本北坎。而反屬西卦。牽強支離。

悖理之極。且云四個一者。寅、辰、丙、乙四個在一龍。四個二者。申、戌、壬、辛四個在二龍。又屬無謂。

《原文》：天卦江東掌上尋。知了值千金。地畫八卦誰能會。山與水相對。

張心言補註《疏》：地畫八卦。另是通變一格。以方圖收圓圖也。蔣傳僅露漏洩春光四字。卻又移註下句。可謂神龍見首不見尾。

蔣大鴻（平階）註《傳》：天地東西南北。皆對待之名。所謂陰陽交媾。元空大卦之妙用也。

此節方將山與水相對一言。略指一班。洩漏春光矣。非分天卦於江東。分山水相對於地卦也。若以辭害志。分別支離。即同癡人說夢矣。

俗注。天卦地支從天干。以向論水神旺墓。地卦天干從地支。以龍論山水生死。可笑。

繼大師註《解》：「地畫八卦」，張氏註「以方圖收圓圖」，其實就是三元羅盤的外盤及內盤，外盤即是天盤，亦即是圓圖；內盤即是地盤，亦即是方圖，天地盤關係密切，其排列次序精密，有互動關係，若然明白其卦理，收山收水，收峰出煞，定能掌握吉凶禍福，須得明師真傳。

《原文》：父母陰陽仔細尋。前後相兼定。前後相兼兩路看。分定兩邊安。

蔣大鴻（平階）**註《傳》：卦有卦之父母。爻有爻之父母。皆陰陽交媾之妙理。此節前後。指卦爻而言。一卦之中爲父母。**

張心言補註《疏》：從父母卦變來之一　。父是也。

蔣大鴻（平階）**註《傳》：卦前卦後。偏旁兩路。卽爲子息。若不仔細審察。恐於父母之胎元不真。而陰陽有差錯矣。**

張心言補註《疏》：乾☰、兌☱、離☲、震☳為陽儀。巽☴、坎☵、艮☶、坤☷為陰儀。固不宜差錯。推之外三爻之乾☰、兌☱。不得與離☲、震☳雜。巽☴、坎☵不得與艮☶、坤☷雜。犯之亦為差錯。

俗注。以前兼後爲天卦。屬向首。後兼前爲地卦。屬龍家。爲兩邊者非。

繼大師註《解》：在三元羅盤中的天盤，分出八大宮位，左旋（逆時針方向）為「乾☰、兌☱、離☲、震☳」，四宮為陽儀，右轉（順時針方向）為「巽☴、坎☵、艮☶、坤☷」四宮為陰儀。每一宮位之外三爻以「乾☰、兌☱、離☲、震☳、巽☴、坎☵、艮☶、坤☷」之次序排列，合共六十四卦。

每個宮位首四個卦之外三爻為「乾☰、兌☱、離☲、震☳」屬陽儀，每個宮位最後四個卦之外三爻為「巽☴、坎☵、艮☶、坤☷」屬陰儀，以乾宮☰為例，「乾䷀、夬䷪、大有䷍、大壯䷡」四卦為陽儀，「小畜䷈、需䷄、大畜䷙、泰䷊」四卦為陰儀，各宮均如此排列。

無論是龍或是水，不可交雜宮位內之兩儀陰陽，其次是每宮外三爻之「乾☰、兌☱」不得與「離☲、震☳」交雜，「巽☴、坎☵」不得與「艮☶、坤☷」交雜，犯之亦為差錯。三元羅盤中的天盤六十四卦，共合成一個先天太極圖，以八八六十四卦所形成之太極，去推算大地之吉凶。

《原文》：卦內八卦不出位。

張心言補註《疏》：謂六十四卦內之每運八卦不出位也。

繼大師註《解》：八宮之中，各有八個卦，共六十四卦，一般來說，龍與坐山，向與水口，不可出卦。則坐山可收來龍之氣，水口可收向上之氣，是真的「八卦不出位」也。

《原文》：代代人尊貴。向水流歸一路行。到處有聲名。龍行出卦無官貴。

張心言補註《疏》：出卦二字兼指一二節前父母卦而言。

《原文》：不用勞心力。祇把天醫福德裝。未解見榮光。

繼大師註《解》：「未解」一詞，是有隱語，若依文義解釋，「未解」又怎能見得「榮光」呢！很多人以為楊公不說六十四卦，他確實說了，但世人不知而矣。以繼大師之見解，「未解」之解釋應作「未䷿」卦及「解䷧」卦看，火水未濟卦，雷水解卦，兩卦外三爻為三八為朋。兩地卦相同，為共路生成夫婦卦。繼大師詳細解釋如下：

以未濟卦䷿作向，則水口配以雷水解卦䷧。

或以未濟卦䷿作水口，向度配以雷水解卦䷧。

來龍倒頭一節是未濟卦䷿，則坐山配以雷水解卦䷧。

來龍倒頭一節是雷水解卦䷧，則坐山配以未濟卦䷿。

來龍與坐山合三八，或向度與水口合三八，此兩卦亦為之不出卦也。

蔣大鴻（平階）註《傳》：八卦之內有三卦。在三卦之內。則爲不出卦而吉。三卦之外。卽爲出卦而凶。向須卦內之向。水須卦內之水。二者皆歸本卦。則全美矣。天醫卽巨門。福德卽武曲。此乃一行所造小遊年卦例。以溷挨星之真者也。蓋謂世人誤認卦例爲九星五行。必不能獲福也。

《原文》：倒排父母蔭龍位。

張心言補註《疏》：如收恒卦䷟之龍。從震卦䷲轉來。收益卦䷩之水。從巽卦䷸轉來。恒䷟以震䷲為父母。益䷩以巽䷸為父母。是為倒排。惟復䷗姤䷫二卦不能如此推排。則以三陽水向法裝之。一說單論四十八局。亦為的當。

繼大師註《解》：其秘密在於來水的倒頭一節向度，與穴所立之向度，恒卦䷟之龍，從震卦䷲轉來，則龍必從巽卦䷸方去，巽卦䷸與恒卦䷟同為巽宮☴內之父母卦，巽卦䷸為父，恒卦為母䷟，為一九運父母卦。恒䷟與益䷩為覆卦關係。

收益卦䷩之水，水必從恒卦䷟去，從巽卦䷸轉來，則水必從震卦䷲方去，益卦䷩與震卦䷲為三元天盤震宮☳內之父母卦。

恒卦䷟及益卦䷩是震卦䷲與巽卦䷸交溝後所產生的子息卦，為天卦不變，地卦合十的關係；因此恒卦䷟以震卦䷲為父母。益卦䷩以巽卦䷸為父母。即是三元地盤內所排列的八個卦。

三元地盤的八個卦排列如下：雷天大壯䷡、雷澤歸妹䷵、雷火風䷶、震卦䷲、雷風恒䷟、雷水解䷧、雷山小過䷽、雷地豫䷏。其中震卦䷲及雷風恒䷟是父母卦。

震卦䷲為父。其子息是：

變初爻——雷地豫䷏
變二爻——雷澤歸妹䷵
變三爻——雷火風䷶
變四爻——地雷復䷗
變五爻——澤雷隨䷐
變六爻——火雷噬嗑䷔

雷風恒䷟為母。其子息是：

變初爻——雷天大壯䷡
變二爻——雷山小過䷽
變三爻——雷水解䷧
變四爻——地風升䷭
變五爻——澤風大過䷛
變六爻——火風鼎䷱

三元地盤巽宮內八卦排列如下：風天小畜䷈、風澤中孚䷼、風火家人䷤、風雷益䷩、巽卦䷸、風水渙䷺、風山漸䷴、風地觀䷓。風雷益䷩及巽卦䷸為父母卦。

巽卦䷸為父。其子息是：

變初爻 —— 風天小畜䷈

變二爻 —— 風山漸䷴

變三爻 —— 風水渙䷺

變四爻 —— 天風姤䷫

變五爻 —— 山風蠱䷑

變六爻 —— 水風井䷯

風雷益卦䷩為母。其子息是：

變初爻 —— 風地觀䷓

變二爻 —— 風澤中孚䷼

變三爻——風火家人䷤

變四爻——天雷無妄䷘

變五爻——山雷頤䷚

變六爻——水雷屯䷂

三元天盤與地盤八卦之排列，就是倒排的一部份，是覆卦關係。

《原文》：山向同流水。十二陰陽一路排。總是卦中來。

蔣大鴻（平階）註《傳》：倒排父母。即顛顛倒之義。陰陽交媾。皆倒排之法。山向與水神。必倒排以定陰陽。十二陰陽。即備二十四山之理。言雖有二十四位陰陽。總不脫八卦爲父母也。

《原文》：關天關地定雌雄。富貴此中逢。翻天倒地對不同。秘密在元空。

張心言補註《疏》：此節申言「地畫八卦誰能會」之意。

蔣大鴻（平階）註《傳》：雌雄交媾之所。乃天地之關竅。知其關竅。而後交媾可定也。「江南龍來江北望。江西龍去望江東。」此爲翻天倒地。已詳奥語註中。俗註。以辰、戌、丑、未。爲關天關地非。

《原文》：三陽水向盡源流。

張心言補註《疏》：三陽即三吉。南北八神之父母卦是也。不曰三吉。而曰三陽。兼取丙午丁為用。

《原文》：富貴永無休。三陽六秀二神當。立見入朝堂。

張心言補註《疏》：此用卦之另一格也。六秀四十八局之順逆六子。二神。丙午丁內夬䷪姤䷫二卦。與三陰中剝䷖復䷗二卦相對。夬䷪盡則為純乾䷀。陽盡午中。一陰始生而為姤䷫。剝䷖盡則為純坤䷁。陰盡子中。一陽始生而為復䷗。四卦為乾坤橐籥。陰陽樞紐。絕處逢生。貞下起元。故特提出論之。凡遇三陽三陰。龍水配合的當。最能發福。三合家極怕午水。獨子龍收之。謂之坎離交媾。而不知其所以然之故。乃出於卦理也。

蔣大鴻（平階）註《傳》：三陽者，丙午丁也。天玉、青囊。既重挨星生旺矣。而此節提出三陽。別有深意。非筆舌所能道。六秀者。本卦之二爻。故曰二神。

張心言補註《疏》：下文謂六秀。即是六子。此又曰二神。即是六秀。其故何哉。蓋蔣子善作隱語。又能使題義了然。洵是妙筆。二神為夬䷪、姤䷫二卦。非即六秀中之二子乎。

或疑未必是夬䷪、姤䷫二卦。故又指明為本卦之二爻。夬䷪是乾體。得坤之上爻（上爻爲陰爻）。姤䷫亦乾體。得坤之初爻（初爻爲陰爻）。且二卦順看為夬䷪。逆看即為姤䷫。一氣相通。緊夾乾䷀坤䷁剝䷖復䷗。亦然。試於圓圖中能別尋二卦否耶。惟此局不能通用。故曰別有深意也。

蔣大鴻（平階）註《傳》：天玉以卦之父母爲三吉。以卦之子息爲六秀。俗注。艮、丙、巽、辛、兌、丁爲六秀非。

繼大師註《**解**》：三元天盤六十四卦由午兼丙山開始排列，逆時針方向，向左旋至子兼癸山。首卦開始為乾卦䷀，終於復卦䷗，然後再由午兼丁山開始，順時針方向，右旋至子兼壬山，開始為姤卦䷫，終於坤卦䷁，復卦䷗與姤卦䷫及乾卦䷀與坤卦䷁是錯卦合十夫婦卦。

後天卦宮離宮為南方「丙、午、丁」，坎宮北方為「壬、子、癸」，午位有「夬䷪、乾䷀、姤䷫」三卦，子位有「剝䷖、坤䷁、復䷗」三卦。這兩組之三個卦，關係最為密切，「夬䷪、姤䷫」與「剝䷖、復䷗」各二卦均為綜卦關係，倒轉看即相同，是為一體卦。

「夬卦䷪」的中四互及下四互之變卦均為乾卦䷀。「姤卦䷫」的中四互及上四互之變卦均為乾卦䷀。「剝卦䷖」的中四互及下四互之變卦均為坤卦䷁。「復卦䷗」的中四互及上四互之變卦均為坤卦䷁。九運收坎☵，一運收離☲，卦運長久。

故云：「**三陽水向盡源流。富貴永無休。**」

《原文》：水到玉街官便至。

張心言補註《疏》：玉街即御街。

《原文》：神童狀元出。印綬若然居水口。玉街近台輔。鼕鼕鼓角隨流水。豔豔紅旆貴。

繼大師註《解》同旆－音佩，旌旗末端下垂如燕尾的垂旒飾物，比喻官貴。

蔣大鴻（平階）註《傳》：鼓角紅旆。皆以形象言。

俗註。乾、坤、艮、巽為玉街。長生前一位為鼓角。後二位為紅旆非。

《原文》：上按三才並六建。排定陰陽算。下按玉輦捍門流。龍去要回頭。

蔣大鴻（平階）註《傳》：三才卽三吉。六建卽六秀。此節上二句論方位。故須排定陰陽。下二句論形勢。玉輦捍門。皆指去水。須纏身兜抱。故謂之曰「回頭」也。

俗註。以長生諸位為六建。及王輦捍門。俱就方位言者非。

《原文》：六建分明號六龍。名姓達天聰。正山正向流支上。寡夭遭刑杖。

張心言補註《疏》：「正」。外三爻四正之卦也。「支」。四隅之卦也。註明中卷干維乾、艮、巽、坤、壬句下。

繼大師註《解》：四正卦指干，為「乾☰、坤☷、坎☵、離☲。」另亦可指一、三、七、九運卦。支是指四隅卦，為「震☳、巽☴、艮☶、兌☱。」另亦可指二、四、六、八運卦。如《地理辨正疏》〈凡例〉第一項中所說：「就四正四隅卦爻動靜而論。則以乾☰坤☷坎☵離☲為陽。震☳巽☴艮☶兌☱為陰。」

蔣大鴻（平階）註《傳》：下二句。緊接上二句而言。水之取六建是矣。然卦之山向。在四隅卦中。則用本卦支神之六建。在四正卦中。又當用本卦干神之六建。若卦取正山正向。而水又流他卦之支上。是陰差陽錯。而必有寡夭刑杖之憂矣。舉四正卦。而四隅卦不辨自明矣。此節以下。專辦干支零正陰陽純雜。毫釐千里之微。

張心言補註《疏》：此節宜與《寶照經》：「本山來龍立本向」節參看。

《原文》：共路兩神為夫婦。認取真神路。仙人秘密定陰陽，便是正龍岡。

張心言補註《疏》：如乾䷀與夬䷪合四九。大有䷍與大壯䷡合三八。同在乾☰宮。為共路夫婦。故蔣傳以丙與半午為夫婦。若巳與半巽為陰儀四卦。又當另配為夫婦。故曰丙見巳非夫婦也。然共路夫婦尚非真夫婦。不必泥於蔣傳。細玩二十四局自明。

繼大師註《解》：這是以三元羅盤中的乾宮☰為例，廿四山中之丙與半午為「乾䷀、夬䷪、大有䷍、大壯䷡」屬陽儀四卦，外三爻合九四、三八。巳與半巽為「小畜䷈、需䷄、大畜䷙、泰䷊」屬陰儀四卦，外三爻合二七、六一，「共路」指同在一宮內，稱為「共路夫婦」。丙之大壯卦䷡見巳之小畜卦䷈非真夫婦卦也。

蔣大鴻（平階）註《傳》：共路兩神，卽一干一支也。一干一支皆可爲夫婦。然有真夫婦。有假夫婦。真夫婦爲正龍。假夫婦卽非正龍矣。如巽巳爲真夫婦。丙午亦真夫婦。若巳丙則不得爲真夫婦矣。其他仿此。

繼大師註《解》：以乾宮☰為例。乾䷀與夬䷪合四九，大有䷍與大壯䷡合三八，小畜䷈與需䷄合二七，大畜䷙與泰䷊合一六，皆言洛書生成之數。每兩卦一組，每宮共有四組，八大宮位亦如是。

雖說是真夫婦，這只能說是「共路生成夫婦」，其實還有另類的真夫婦。乾宮☰之小畜䷈與大壯䷡。坤宮☷之觀䷓與豫䷏。外三爻為合十關係。不得為真夫婦也。其餘各宮均相同。

《原文》：陰陽二字看零正。坐向須知病。若遇正神正位裝。發水入零堂。零堂正向須知好。

張心言補註《疏》：此節與奧語「從外生入名為進」一節參看。已疏明。「我居於衰敗」一句下。

《原文》：認取來山腦。水上排龍點位裝。積粟萬餘倉。

張心言補註《疏》：「點位裝」檢點同運八卦也。

蔣大鴻（平階）註《傳》：青囊天玉。蓋以卦內生旺之位爲正神。以出卦衰敗之位爲零神。故陰陽交媾。全在零正二字。零正不明。生旺必有病矣。

若知其故。而以正神裝在向上爲生入。而以零神裝在水上爲尅入。則零堂正向。豈不兼收其妙乎。向水既妙。而來山之腦。未必與坐向相合。又當認取果來山。又與坐向同在卦內。則來脈又合。非但一向之旺氣而已。惟水亦然。

蓋山有來山之腦。而水亦有來水之源。水龍卽是山龍。亦須節節排去。點位裝成。果能步步零神。則水之來脈。與水之入口同一氣。山之坐向。與山之來脈同一氣。斯零正二途。別無間雜。而爲大地無疑矣。

繼大師註《解》：穴前見山收山，正神卦裝在向上收之；見水收水，以零神卦裝在向上收之，以來龍倒頭一節，與墳碑之坐山同氣，以墳碑之向度，與墳碑之水口同氣，此為之卦內一氣。

《原文》：正神百步始成龍。
張心言補註《疏》：龍神極短。以百步為。則語有分寸。非若《催官篇》：「亥山一丈可致富。巽水一勺能救貧。」言過其實也。

《原文》：水短便遭凶。張心言補註《疏》：「水領」。龍水也。

《原文》：零神不問長和短。吉凶不同斷。
蔣大鴻（平階）註《傳》：此承上文而言。正神正位裝。向固吉矣。然其向中來氣。
張心言補註《疏》：經文自明。所註反晦。單指來龍。何必拉雜向中二字。
蔣大鴻（平階）註《傳》：須深遠悠長。而後成龍。若然短淺。則氣不聚。難以致福。至於水則不然。一遇正神。雖一節二節。其煞立應矣。其零神之長短。又與正神有異。使零神而在水。雖短亦吉。若零神而在向。雖短亦凶。是零神之吉凶。在水向之分。而不係乎長短也。

《原文》：父母排來到子息。張心言補註《疏》：即四十八局之父母也。

《原文》：須去認生尅。水上排龍點位分。兄弟更子孫。

張心言補註《疏》：龍家父母卦之兄弟輩。各有子孫。與我又為兄弟。即同運之八卦也。幾路水到點位分裝。總是一家骨肉。

蔣大鴻（平階）註《傳》：亦承上文排龍而言。卦之中氣爲父母。卦之二爻爲子息。而本宮他卦之父母爲兄弟。上二句言。山上排龍。下二句言。水上排龍。山上排龍。從父母排到子息。總是一卦。則卦氣純矣。

然須認其卦之生尅。若得卦之生氣。則純乎吉。若得卦之尅氣。則純乎凶矣。豈可以其卦之純一。而遂謂吉哉。山上排龍來脈一路。大都只在一卦之內。至於水上排龍則不然。水有一路來者。亦有兩三路來者。故須照位分開。而不能拘一卦之父母。只要旁來之水。亦在父母一氣之卦。謂之兄弟。兄弟卦內又有子孫。雖非一父母。而總是一家骨肉。來路雖多。不害其爲吉也。凶者反是。

《原文》：二十四山分兩路。認取五行主。龍中交戰水中裝。便是正龍傷。前面若無凶交破。莫斷為凶禍。凶星看在何公位。仔細認蹤由。

蔣大鴻（平階）註《傳》：此一節。專舉卦之差錯者而言。兩路者。陰陽生死也。二十四山。每山皆有兩路。非分開二十四山歸兩路也。

兩路之中。須認取五行之所主。五行所主。貴在清純。若龍中所受之氣。既不清純。而吉凶交戰矣。

倘能以水之清純者救之。庶龍氣遇水制伏。而交戰之凶威可殺。奈何又將龍中交戰之卦。裝入水中。則生氣之雜出者。不能為福。而死氣之雜出者。適足為禍。正龍有不受其傷者乎。

然水之差錯。其力足以相勝。吉多者。吉勝凶。凶多者。凶勝吉。入口雖然交戰。而來水源頭。若無凶星變破。則氣猶兩平。雖不致福。亦未可據斷為凶禍。且凶星之應。亦有公位之分。吉凶雙到之局。只看某房受著。便於此房斷其有禍。

張心言補註《疏》：不必拘某房應之。愈推愈細。或某生肖應之。頗有奇驗。吉凶同斷。

繼大師註《解》：吉凶之尅應，以卦氣配合巒頭山水定吉凶。至於尅應之年份及房份公位，則以穴之坐向干支，配合後代生人所出生之年份干支而相應之。

蔣大鴻（平階）註《傳》：不受著者。亦不應也。非如純凶不雜之水。房房受其殃禍之比。故其蹤尤當仔細認云。

《原文》：先定來山後定向。聯珠不相妨。須知細覓五行蹤。富貴結金龍。

蔣大鴻（平階）註《傳》：此節單就山上龍神而言。青囊天玉。原以來山所受之氣。與向上所受之氣。分爲兩局。

張心言補註《疏》：觀此愈知前疏。「我居於衰敗」。一節之不謬也。

蔣大鴻（平階）註《傳》：然兩局又非截然兩路。故云聯珠不相妨。此不可約略求之者也。張心言補註《疏》：須天生地成。使巒頭理氣自合。

蔣大鴻（平階）註《傳》：須當細覓蹤跡。若是富貴悠久之地。必然來山是此卦。而向首亦是此卦。張心言補註《疏》：同此天心一卦。

蔣大鴻（平階）註《傳》：一氣清純。方得謂之全龍耳。

繼大師註《解》：「一氣清純」之卦，是其氣運相同，無論是來龍、向度及人工水口或是天然大局水口等，均在同一元及同一運內，「一氣清純」即當元天心正運一卦，不同於「一卦純清」，非得明師真傳不能明白。

《原文》：五行若然翻值向。百年子孫旺。陰陽配合亦同論。富貴此中尋。

蔣大鴻（平階）註《傳》：此節亦上二句。言山上龍神。下二句言。水裏龍神。五行翻值向者。五行之旺氣值向也。翻即「翻天倒地」之翻。言生旺氣翻。從向上生入也。山管人丁。故云百年子孫旺。而富貴亦在其中矣。陰陽配合。水來配合也。亦與向上之氣同論。但用法有殊耳。

張心言補註《疏》：龍與向以旺為旺。山與水以衰為旺。

繼大師註《解》：此乃「龍、山、向、水」之生旺原則，山崗龍來龍到頭一節要用正神卦，上元收一二三四，下元收六七八九；平洋水龍到頭一節要用零神卦，上元收六七八九，下元收一二三四；「山上龍神。水裏龍神。」正是如此。

「翻天倒地」指綜卦之象，本卦與綜卦全屬一體卦，配合陰陽零正，收山出煞，煞出則旺氣入穴，可以「百年子孫旺。富貴此中尋。」

蔣大鴻（平階）註《傳》：水管財祿。故云富貴此中尋。而子孫亦在其中矣。

《原文》：東西父母三般卦。算值千金價。二十四路出高官。緋紫入長安。父母不是未為好。無官只富豪。

蔣大鴻（平階）註《傳》：此節發明用卦之理。重卦體而輕爻。重父母而輕子息。蓋同一生旺。而力量懸殊也。言東西。而南北在其中矣。青囊天玉之祕。只有三般卦訣。

若二十四路。不出三般（三般卦）之內。則貴顯何疑。然卦內又當問其是卦之父母否。高官緋紫。必是父母之氣。源大流長。所以貴耳。若非父母。而但乘爻神子息之旺。則得氣淺薄。僅可豪富而已。

《原文》：父母排來看左右。向首分休咎。雙山雙向水零神。

張心言補註《疏》：雙山如峽寬。而一六雙收者是雙向。乃用爻之法。如用乾上爻。為四九雙用。

繼大師註《解》：此處張氏已經說得非常清楚，來龍至到頭一節，其脈氣寬闊，在六十四卦雙山之間，無論在來龍脈上安龍神碑，或是穴上安墳碑，可用雙山作法，立向如用乾卦☰上爻，為四九雙用。乾卦☰為一運貪狼父母，變上爻後為六運夬卦☱☰，此「一六雙收」，合「一六四九雙雙起」也。

《原文》：富貴永無貧。若遇正神須敗絕。五行當分別。隔向一神仲子當。千萬細推詳。

蔣大鴻（平階）註《傳》：亦承上文。用卦須父母而言。父母排來。要排來山之龍脈也。來山屈曲。必不能盡屬父母。兼看左右兩爻子息若何。若子息純清不雜。又須向首所受之氣。逢生旺則休。逢衰敗則咎。

若雙山雙向。卦氣錯雜。須得水之外氣。悉屬零神剋入相助。則雙山雙向為水神所制伏。而富貴可期矣。萬一水路又屬正神。則生出剋出。兩路皆空。而敗絕不能免矣。公位之說。乃因洛書八卦震☳、兌☱、坎☵、離☲。而定孟、仲、季三子之位。隔向一神。猶在離卦☲之內。故云仲子。

張心言補註《疏》：隔向一層安見。必是離卦☲。舉中爻為例。故仲子當之一說。隔間。「隔也」。固是中爻。

蔣大鴻（平階）註《傳》：天玉略露一班。以為分房取驗之矩矱。（繼大師註《解》：矩矱音舉獲，本指劃直角或方形的曲尺，譬喻規矩法度。）言仲而孟季可類推矣。

《原文》：若行公位看順逆。接得方奇特。宮位若來見逆龍。男女失其蹤。

蔣大鴻（平階）註《傳》：承上文仲子一神。而概言公位之說。順則生旺。逆則死絕。然不云生死。而曰順逆者。若論山上龍神。則以生氣爲順。死氣爲逆。若論水裏龍神。則又以死氣爲順。生氣爲逆故也。

《原文》：更看父母下三吉。三般卦第一。

蔣大鴻（平階）註《傳》：通篇皆明父母三般卦理。反覆詳盡矣。終篇複申言之。若曰千言萬語。只有此一事而已。無復他說矣。蓋致其叮嚀反覆之意云。

繼大師註**《解》**：父母三般卦為一運貪狼及九運父母卦，一運貪狼卦生出六、七、八運之子息，為順子四十八局。九運父母卦生出二、三、四運之子息，為逆息四十八局。一九運為天地父母卦，二八運為天元卦，三七運為人元卦，四六運為地元卦，故說「父母三般卦」。繼大師認為父母卦連三般卦，其細分是四類卦，以父母為首，天元第二，人元第三，地元第四，除三般卦外，還有另類的卦局，須得真傳始懂。

《天玉經內傳上》完

《天玉經內傳中》── 唐、楊益（筠松）著 ── 蔣大鴻（平階）註《傳》
張心言補註《疏》 ── 繼大師註解

唐、楊益（筠松）著《原文》
蔣大鴻（平階）註及傳《傳》
張心言補註《疏》
繼大師註《解》

《原文》：二十四山起八宮。貪巨武輔雄。四邊盡是逃亡穴。下後令人絕。

蔣大鴻（平階）註《傳》：此節反言以見旨。與起下文之意。言一行所作小遊年卦例。以二十四山起八宮。而取貪、巨、武、輔爲四吉。若其說果是。則宜乎隨手下穴皆吉地矣。何以四邊盡是逃亡穴。下後反令人敗絕哉。則知卦例不足信。而別有真機。如下文所云也。

《原文》：惟有挨星為最貴。洩漏天機秘。天機若然安在內。家活當富貴。天機若然安在外。家活漸退敗。五星配出九星名。天下任橫行。

蔣大鴻（平階）註《傳》：緊接上文。卦例既不可用。惟有挨星元空大五行。乃爲陰陽之最貴者。天機秘密。不可流傳於世。但可偶一洩漏而已。安在內。不出三般卦之內也。安在外。出三般卦之外。出卦不出卦。福禍迥分。（迥音炯｜迥異也）安得不貴耶。

夫挨星五行。非如遊年卦例。但取四吉而已。蓋八卦五行。配出九星。上應斗杓。（張疏：參看首卷圖說。）知九星之作用。便可橫行於天下。無不響應矣。卦例云乎哉。

《原文》：干維乾艮巽坤壬。陽順星辰輪。

張心言補註《疏》：此借三合盤。指明六十四卦用卦用爻之法也。半乾至壬為坤宮☷。而半子統於壬。半艮至甲為離宮☲。而半卯統於甲。半巽至丙為乾宮☰。而半午統於丙。半坤至庚為坎宮☵。而半酉統於庚。看希夷子圓圖自明。

即陽盡午中。陰盡子中是也。不曰甲庚壬丙。而獨舉一壬者。舉一隅也。法以乾☰坤☷坎☵離☲為四陽卦。此四宮中。再遇外三爻乾☰坤☷坎☵離☲。陽見陽則順輪。順輪者如乾卦䷀初爻近丁。上爻近丙者是。

然其中亦有陰見陽。而逆輪者。經文概曰。陽順星辰輪。蓋恰好四宮之首卦。未卦䷿皆陽見陽而順輪也。蔣子謂此陰陽非交媾之陰陽。信然哉。

《原文》：支神坎震離兌癸。陰卦逆行取。

張心言補註《疏》：名曰坎。自半子統於癸而劃分。至艮半為震宮☳。名曰震☳。自半卯統於乙而劃分。至巽半為兌宮☱。名曰離。自半午統於丁。而劃分至坤。半為巽宮☴。名曰兌。自半酉統於辛而劃分。至乾半為艮宮☶。

法以震☳巽☴艮☶兌☱為四陰卦。此四宮中。再遇外三爻震☳巽☴艮☶兌☱。陰見陰亦順輪。

經文謂。陰卦逆行取。蓋恰好四宮之首卦。末卦（最後之卦）皆陰見陽而逆行也。逆行者。如姤卦䷫初爻近丙。上爻近丁者是四陽卦。在甲庚壬丙之位。故曰干維四陰卦。在辰戌丑未之位。故曰支神。一說壬數九屬陽。癸數十屬陰。亦通。

繼大師註《解》：「乾☰、坤☷、坎☵、離☲」四宮內，其外三爻亦是「乾☰、坤☷、坎☵、離☲」，為陽見陽。「震☳、巽☴、艮☶、兌☱」四宮，其外三爻亦是「震☳、巽☴、艮☶、兌☱」，為陰見陰，每宮各有四卦，共有卅二卦，無論是陽見陽或陰見陰，其卦爻順排，即是逆時針方向排去。

「乾☰、坤☷、坎☵、離☲」四宮內，其外三爻是「震☳、巽☴、艮☶、兌☱」及「震☳、巽☴、艮☶、兌☱」四宮內，其外三爻是「乾☰、坤☷、坎☵、離☲」為陰陽相見，其卦爻逆排，即是順時針方向排去。

《原文》：分定陰陽歸兩路。順逆推排去。知生知死亦知貧。留取教兒孫。

蔣大鴻（平階）註《傳》：此節分出元空大卦干支定位。以足前篇父母子息之義。四維之卦。以天干爲主者也。干維曰陽。四正之卦。以地支爲主者也。地支曰陰。此陰陽非交媾之陰陽也。知卦之所主。則父母子息。不問而自明矣。

其陰陽兩路。每一卦中。皆有陰陽兩路可分。非將八卦分爲兩路。何者屬陰。何者屬陽也。其順逆推排。卽陰陽兩路分定之法。非乾艮巽坤爲陽順。坎震離兌爲陰逆。若如此分輪。則皆順也。何云逆乎。至於四卦之末。各綴一字。曰壬。曰癸。此又挨星祕中之祕。可以心傳而不可以顯言者也。

張心言補註《疏》：更有用爻之法。散見首卷、末卷中。

繼大師註《解》：此「陽順星辰輪」，是每六十四卦中，各有六爻，卅二卦「陽順」而作逆時針方向排，卅二卦「陰逆」而作順時針方向排。繼大師聆聽恩師 呂克明先生所說，以前的三元羅盤內的六十四卦當中，各有六爻，但沒有註名何者是初爻及上爻，而在大陸有時師使用這種三元羅盤給人家造風水，這很易出錯。但時至今日，三元羅盤內的三百八十四爻，均刻上初爻及上爻的所屬位置，以指明順逆，不但如此，連吉度爻神都用紅點刻上，可謂無秘密可言，但至於卦爻之用法，仍須得明師真傳。

《原文》：天地父母三般卦。時師未曾話。元空大卦神仙說。本是此經訣。不識宗枝但亂傳。開口莫胡言。若還不信此經文。但覆古人墳。

蔣大鴻（平階）註《傳》：曰天地。曰東西。曰父母。曰元空。曰挨星。異名而同實。若於字義屑屑分疏。則支離矣。此節蓋恐學者得傳之後。以為太易而輕忽之。

張心言補註《疏》：余（張心言）疏明是書。實坐此弊。

蔣大鴻（平階）註《傳》：故極言讚美。以鄭重其辭。非別有他義也。說到覆古人墳。是徵信實註。予得傳以來。洞徹元空之理。今故註此經文。駁前人之謬。直捷了當。略無畏縮。皆取信於覆古人墳。

張心言補註《疏》：以此覆舊。實有奇驗。然必得是書。融會貫通。當中方有把握。疑信參半。浮光掠影無益也。

蔣大鴻（平階）註《傳》：蓋驗之已往。券之將來。深信其一毫之無誤。自許心契古人。而可以告無罪於萬世也。

《原文》：分卻東西兩個卦。會者傳天下。學取仙人經一宗。切莫亂談空。五行山下問來由。入首便知蹤。

蔣大鴻（平階）註《傳》：此亦叮嚀告戒之語。而歸重於入首。蓋入首一節。初年立應。尤不可不慎也。

《原文》：分定子孫十二位。災禍相連值。千災萬禍少人知。尅者論宗枝。

蔣大鴻（平階）註《傳》：此節直糾時師誤認子孫之害。蓋子孫自卦中分出。位位不同。豈如俗師干從支。支從干。二十四路。止作十二位論。若如此論法。必致葬者災禍相連值矣。既遭災禍。而俗師終不知所以災禍之故。胡猜亂擬。或云干凶。或云支凶。總非真消息也。

夫災禍之發。乃龍氣受剋所致。而龍氣之受剋。實不在干支。蓋有爲干支之宗者焉。

張心言補註《疏》：不過借干支論卦理。人自不悟耳。

蔣大鴻（平階）註《傳》：所謂父母是也。

張心言補註《疏》：此父母即青囊序。子母公孫同此推之母與公。非卦中之父母卦也。

蔣大鴻（平階）註《傳》：知其宗之受剋。則知干支亦隨之而受剋。所以不免災禍矣。深言十二位分子孫之說。其謬如此。

《原文》：五行位中出一位。仔細秘中記。假若來龍骨不真。從此誤千人。

蔣大鴻（平階）註《傳》：此節又詳言出卦不出卦之密旨。蓋同一出位。而有卦內卦外之不同。若在卦內。

張心言補註《疏》：既曰出位。而又曰卦內。蓋指同運八卦中之不當正運者也。義不止此。更當細推。

蔣大鴻（平階）註《傳》：則似出而非出。若在卦外。則真出矣。此中有祕。當密記之。在卦內。則龍骨真。在卦外。則龍骨不真矣。

繼大師註《解》：若是真龍結穴，量度其來龍到頭一節的坐向，當在穴位中定出向度時，穴的坐山，要與來龍到頭一節同氣，穴的向度與水口亦如是，此為之「在卦內」，謂之「龍真穴的」也。

《原文》：一個排來千百個。莫把星辰錯。龍要合向向合水。水合三吉位。合祿合馬合官星。本卦生旺尋。合吉合凶合祥端。何法能趨避。但看太歲是何神。

張心言補註《疏》：如八運而收豫卦䷏之水。謂之煞水。亥巳生命。遇亥巳年必凶。亥支三合年亦應。倘在二運裁剪合宜。自有吉應。至趨避之法。孰能生巧。存乎其人。

《原文》：立地見分明。成敗斷定何公位。三合年中是。

繼大師註《解》：「水合三吉位」，是以穴之向度為主，墳托唇邊開人工水口，或大局天然水口，須「合祿、合馬、合官星」，即是卦象「合陰陽、合十、合生成，」此為合生旺之「三吉」水，但須全合零正衰旺始為大吉。龍穴向度，以卦理定吉凶；張氏說以八運而收廿四山亥位之豫卦䷏煞水為例，凶則應凶，若是吉水則有吉應，以「亥、卯、未」三合之年為尅應之年份，「巳」年為對沖之年，亦應之，正是「但看太歲是何神。…… 三合年中是。」

蔣大鴻（平階）註《傳》：一個排來。變化不一。故有千百個也。龍向水相合。前篇已盡祿馬官星。在本卦生旺則應。不然則不應。此見生旺爲重。而祿馬官星。在所輕矣。

《原文》：排星仔細看五行。看自何卦生。來山八卦不知蹤。八卦九星空。順逆排來各不同。天卦在其中。

蔣大鴻（平階）註《傳》：五行總在何卦中生。不在干支中定。所謂父母子息也。不知八卦蹤跡。何從而來。則九星無處排矣。蓋星卦之順逆。各有不同。即此一卦入用。或當順推。或當逆推。有一定之氣。而無一定之用。所謂天下諸書對不同也。要而言之。則元空二字之義盡矣。

《原文》：甲庚丙壬俱屬陽。順推五行詳。乙辛丁癸俱屬陰。逆推論五行。

張心言補註《疏》：將此四句與「干維乾艮巽坤壬」一節合看。方知前註之不謬。

繼大師註《解》：「甲」離卦䷝，「庚」坎卦䷜，坎䷜離䷝為一運父母卦；「丙」大有卦䷍，「壬」比卦䷇，大有䷍、比䷇為七運人元卦，俱屬陽，卦爻順推而作逆時針方向排。「乙」節卦䷻，「辛」旅卦䷷，節䷻、旅䷷為為八運天元卦；「丁」鼎卦䷱，「癸」屯卦䷂，鼎䷱、屯䷂為四運地元卦，俱屬陰，卦爻逆推而作順時針方向排。

《原文》：陰陽順逆不同途。須向此中求。九星雙起雌雄異。元關真妙處。

蔣大鴻（平階）**註《傳》：此略舉干神卦氣之例。陽四干。**

張心言補註《疏》：「干」字作宮字解可也。

蔣大鴻（平階）**註《傳》：則順推入卦。**張心言補註《疏》：有生數四卦在焉。

蔣大鴻（平階）**註《傳》：陰四干。則逆推入卦。**張心言補註《疏》：有成數四卦在焉。

蔣大鴻（平階）註《傳》：一順一逆。雖不同途。而此中有一定之卦氣。可深求而得者。至其每卦之中。皆有一雌一雄。雙雙起之法。

張心言補註《疏》：此即雙起之法。推廣而言真夫婦也。見首卷。

蔣大鴻（平階）註《傳》：乃陰陽交媾。元關妙處也。又不止一卦。有一卦之用而已。舉八千。而支神之法。亦在其中矣。

繼大師註《解》：〈河圖〉云：「天一生水 …… 天七成之。天三生木 …… 天九成之。天五生土。……」這裡說天數是：一三五七九。〈河圖〉又云：地六成之。地二生火 …… 地八成之。地四生金 …… 地十成之。」這裡說地數是：二四六八十。

〈河圖〉之：「天一地六。地二天七。天三地八。地四天九。」除天五地十之外，其他俱為生成之數，一陰一陽。蔣氏說：「一雌一雄。雙雙起之法。」張氏說是「真夫婦」，其實每一個六十四卦都有其生成夫婦卦，一陰一陽，「乾☰兌☱、離☲震☳、巽☴坎☵、艮☶坤☷」是也。

《原文》：東西二卦真奇異。須知本向水。本向本水四神奇。代代著緋衣。

張心言補註《疏》：東西二卦。謂有兩水對待。宜就衰敗一水而立本運旺向。兩水與山向兼之為四神。

蔣大鴻（平階）註《傳》：此節又重言。向水各一卦氣。兼收生旺之妙。向上有兩神。水上有兩神。故曰四神。

《原文》：水流出卦有何全。一代作官員。一折一代為官祿。二折二代福。三折父母共長流。馬上錦衣遊。馬上斬頭水出卦。

張心言補註《疏》：斬頭垂頭也。

《原文》：一代為官罷。直山直水去無翻。場務小官班。

蔣大鴻（平階）註《傳》：水不出卦。須折。折在父母本宮。若折出本宮。雖折而後代不發矣。馬上斬頭。即一折父母。便流出卦。如斬頭而去也。本卦水。又以曲折爲貴。乃許世代高官。若止直流。雖然本卦。而官職卑矣。

《天玉經內傳中》完

《天玉經內傳下》— 唐、楊益（筠松）著 — 蔣大鴻（平階）註《傳》

張心言補註《疏》— 繼大師註解

唐、楊益（筠松）著《原文》
蔣大鴻（平階）註及傳《傳》
張心言補註《疏》
繼大師註《解》

《天玉經內傳下》

《原文》：乾山乾向水朝乾。

張心言補註《疏》：此亦用卦之另一格也。如一運收坤䷁龍。有訟卦䷅乾卦䷀兩水會於泰卦䷊。消於同人䷌。泰卦䷊更有秀峰。而立泰卦䷊之向。泰䷊在乾宮☰。否䷋山外三爻屬乾☰。謂之天地交泰。真三元不敗之大地也。此局變化無窮。理法愈密。下三局仿此。當與奧語坤壬乙一節。《寶照經》子癸午丁三節參看。

《原文》：乾峰出狀元。卯山卯向卯源水。驟富石崇比。午山午向午來堂。大將值邊疆。坤山坤向坤水流。富貴永無休。

張心言補註《疏》：此節乾字代坤☷。卯字代離☲。午字代乾☰。坤字代坎☵。蓋舉乾☰坤☷坎☵離☲四宮以例其餘。

蔣大鴻（平階）註《傳》：此明元空大卦。向水兼收之法。舉四山以例其餘。皆卦內之純清者也。乾宮☰卦內之山。作乾宮☰卦內之向。而收乾宮☰卦內之水。則龍向水三者。俱歸生旺矣。

非回龍顧祖之說也。或云狀元。或云大將。或云驟富者。亦錯舉以見意。不可拘執。

繼大師註《解》：此乾宮內之「龍、山」或「向、水」，為同一氣，真的不出卦也，卦內純清不雜，若逢當元旺運，富貴尊榮。這「乾、卯、午、坤」分出四種級別，以卦象來說，其等級以乾☰坤☷為首，震☳巽☴為次，坎☵離☲第三，艮☶兌☱第四，四對卦象，各有當元旺運，配合卦宮內氣純清，力量大矣。

《原文》：辨得陰陽兩路行。五行要分明。泥鰍浪裏跳龍門。渤海便翻身。

蔣大鴻（平階）註《傳》：陰陽兩路。上文屢見。此重言以申明之耳。下二句。言變化之易。

《原文》：依得四神為第一。官職無休息。穴上八卦要知情。穴內卦裝清。

蔣大鴻（平階）註《傳》：前篇本向本水四神奇。是姑置來龍。而但重向水。此節穴上八卦要知情。又從穴上逆推到來龍。以補四神之不及。穴上是龍。穴內即向也。

《原文》：要求富貴三般卦。出卦家貧乏。寅申巳亥水來長。五行向中藏。辰戌丑未叩金龍。動得永不窮。

張心言補註《疏》：前論天干。此論地支卦理。圓足兼解。世人怕收地支之惑。重在出卦不出卦。以定動得動不得耳。天干不盡四正。地支不盡四隅。玩干維「乾、艮、巽、坤、壬」註自明。蔣子仍借三合盤作啞謎。故以此為四隅之卦。

《原文》：若還借庫富後貧。自庫樂長春。

張心言補註《疏》：如後四運該一二三四收水。但非同運之一二三四。謂之借庫。

蔣大鴻（平階）註《傳》：前篇甲庚壬丙一節。是四正之卦。此節又補四隅之卦。觀此。則支水去來凶之言。當活看。不可死看矣。辰戌丑未。雖俗云四庫。其實元空不重墓庫之說。借庫出卦也。自庫不出卦也。是重在出卦不出卦。不重墓庫也。

繼大師註《解》：在廿四山的干支上，分出八個宮位，俗稱「一卦管三山」，無論干或支，每宮皆有四個。所謂「自庫」即是卦之同宮內三爻；「借庫」雖然出卦，但合河圖理數，此借廿四山干支去説卦理，用後天説先天，前賢還是秘而不宣，不敢説破。

《原文》：大都星起何方是。五行長生旺。大旆相對起高崗。職位在學堂。捍門官國華表起。山水亦同例。水秀峰奇出大官。四位一般看。

張心言補註《疏》：此節平陽山法合講。末句指明山註。蓋山法收龍。與平陽同例。而收峰則相反。不取衰敗也。如八運收本運六七八九之龍。對面峰巒。只要收在二運之六七八九上。故曰山水亦同例。四位一般看。熟玩全書自得。

繼大師註《解》：此處在用卦方面，已經說得很清楚，只要在八運收本運之六七八九及二運之六七八九上之峰巒就是，為合十輔助兄弟卦，挨星法之一種。如八運之「賁䷕、節䷻、豫䷏、姤䷫」，及二運之「蒙䷃、蹇䷦、大壯䷡、無妄䷘。」

蔣大鴻（平階）註《傳》：此節言水上星辰。

張心言補註《疏》：記清指水上之星辰。不指水講。

繼大師註《解》：湖江中或對岸之山峰

蔣大鴻（平階）註《傳》：卽山上星辰。只要得生旺之氣。在山在水。一同論也。

張心言補註《疏》：看他單指生旺。不兼衰敗說。

《原文》：坎離水火中天過。龍墀移帝座。寶蓋鳳閣四維朝。寶殿登龍樓。罡劫弔殺休犯著。四墓多銷鑠。金技玉葉四孟裝。金箱玉印藏。

張心言補註《疏》：坎離指乾☰坤☷二卦。水火指坎☵離☲二卦。四維四孟俱有父母卦在。此局不必深求。

蔣大鴻（平階）註《傳》：坎離水火一句。乃一章之所重，其餘星宿。總是得生旺。則加之美名。逢死絕。則稱爲惡曜。名非有定。星隨氣變者也。

《原文》：帝釋一神定縣府。紫微同八武。倒排父母養龍神。富貴萬餘春。

張心言補註《疏》：帝釋指大有䷍一卦。言丙而壬可知。紫微指晉䷢一卦。取乾☰坤☷宮中之水火相交。亦向明而治之。義然一為歸魂。一為遊魂。故須父母兼到。

繼大師註《解》：乾宮☰屬金。以乾卦䷀為父母，變爻後再一直變下去，乾䷀變初爻為姤䷫，再變二爻為遯䷠，變三爻為否䷋，變四爻為觀䷓，變五爻為剝䷖，再變回四爻為晉卦䷢，稱為「歸魂卦」，然後內三卦全變，為大有卦䷍，稱為「遊魂卦」，又稱為「帝釋」。這是占卜用的文王卦〈渾天甲子定局裝卦口訣〉八卦排法。「八武」指壬，為水地比卦䷇，「紫微」指亥，為火地晉卦䷢。

蔣大鴻（平階）註《傳》：帝釋丙也。八武壬也，紫微亥也。帝釋神之最尊。故以縣府名之。其實陰陽二宅得此。貴之極矣。然其妙用。在乎倒排。非正用也。

《原文》：識得父母三般卦。便是真神路。北斗七星去打劫。離宮要相合。

張心言補註《疏》：每宮各有一卦不動。而七卦俱動。能反入七宮之內。覽其秀氣。玩周易上下經卦次。無不兩兩反對。即此意也。然離本宮而去。仍要合本宮而來。曰北斗。另有深意。上乘作用。無庸推測也。

蔣大鴻（平階）註《傳》：上三句。引起下文之義。言識得三卦父母。已是真神路矣。猶須曉得北斗七星打劫之法。則三般卦之精髓方得。而最上一乘之作用也。北斗云何。知離宮之相合。即知北斗之義矣。

繼大師註《解》：本卦要離開本宮。但仍要合於本宮之卦。其最重要者就是。八個宮位的八個不動卦。為什麼稱為不動呢？八個不動卦為「乾䷀、中孚䷼、離䷝、頤䷚、大過䷛、坎䷜、小過䷽、坤䷁」。就是因為他們各本卦的綜卦均相同。

所以不能離開本宮。因此能夠不動也。

《原文》：子午卯酉四龍岡。作祖人財旺。水長百里佐君王。水短便遭傷。

蔣大鴻（平階）註《傳》：取子午卯酉。以其父母氣旺也。言四正。則四維可以倒推矣。水短遭傷。以其出卦之故。

繼大師註《解》：蔣公著《字字金》〈格龍卦第四〉云：「子午卯酉。乾坤艮巽。為父為母。……四隅四正。謂之父母。其餘子息。左右夾輔。父母力大……」與此段所說，互相吻合。

《原文》：識得陰陽兩路行。富貴達京城。不識陰陽兩路行。萬丈火坑深。

蔣大鴻（平階）註《傳》：此卽顛顛倒之意。皆上文所已言。而詠歎之。

《原文》：前兼龍神前兼向。聯珠莫相放。後兼龍神後兼向。

張心言補註《疏》：如姤卦䷫或前兼而以巽䷸為父母。或後兼而以乾䷀為父母。當審其父母之所屬以立向耳。

繼大師註《解》：姤卦䷫以外三爻乾☰。內三爻巽☴。在六爻卦中。乾卦䷀與巽卦䷸俱為八大父母卦中之兄弟卦。各八個父母卦均可以交媾而成為另一個六爻子息卦。姤卦䷫與小畜卦䷈均是乾卦䷀與巽卦䷸交媾所成。但六爻卦中，合十之錯卦交媾，可以生出九運父母卦，如「乾䷀、坤䷁」一運貪狼父母卦，兩卦交媾而生出「否䷋、泰䷊」之九運父母卦。內外三爻

一運貪狼八個父母卦，各生出六個子息卦，分別為六、七、八運各子息卦，為順子四十八局。九運八個右弼父母卦，各生出二、三、四運各子息卦，為逆息四十八局。

故《天玉經》〈內傳上〉云：

「天地父母三般卦。時師未曾話。」

《原文》：排定陰陽算。明得零神與正神。指日入青雲。不識零神與正神。代代絕除根。

蔣大鴻（平階）註《傳》：龍神向首。皆有兼前兼後之法。兼者。父母兼子息。子息兼父母。此即正神零神之義。

《原文》：倒排父母是真龍。子息達天聰。順推父母到子息。代代人財退。

張心言補註《疏》：倒排二字可深求。亦可淺講。如復䷗主八運。復卦䷗外三爻為坤☷。坤☷數一。乃不收坤☷一。而收震☳八之龍。巽☴二之水。是為例排父母。順排反是。

繼大師註《解》：八運以震☳八收山，巽☴二收水，為當元旺運，收坤☷一之山為失元，收坤☷一之水為將旺之運。

蔣大鴻（平階）註《傳》：父母子息。皆須倒排。而不用順排。如旺氣在坎癸。倒排則不用坎癸。而得真旺氣。順排則真用坎癸。而反得殺氣矣。似是而非。毫釐千里。元空大卦。千言萬語。惟在於此。

《原文》：一龍宮中水便行。子息受艱辛。四三二一龍逆去。

張心言補註《疏》：龍指水而言。要逆去三四節不出大卦。或折入父母卦更妙。不曰一二三四。而曰四三二一。知此。即知倒排矣。

《原文》：四子均榮貴。龍行位遠主離鄉。四位發經商。

蔣大鴻（平階）註《傳》：此節又申言本卦水。須折折相顧。若一折之後。便出本卦。雖然得發。必受艱辛矣。必三四節逆去。皆在本卦。乃諸子齊發也。

位遠。即出卦。一出卦。即主離鄉。若出卦之後。又歸還本卦。反主爲商。得財而歸。其應驗之不爽如此。

《原文》：時師不識挨星學。只作天心摸。東邊財穀引歸西。北到南方推。老龍終日臥山中。何嘗不易逢。止是自家眼不的。亂把山光覓。

蔣大鴻（平階）註《傳》：東邊財穀二句託喻。即江南龍來江北望之意。元空妙訣也。歎息世人不得真傳。胡行亂走。旨哉言乎。

《原文》：世人不知天機秘。洩破有何益。汝今傳得地中仙。元空妙難言。翻天倒地更元元。大卦不易傳。更有收山出煞訣。

張心言補註《疏》：龍乘生旺。水取衰敗。水之去來並重。倘三叉城門流入本運旺地。便是出煞不清。煞字註明。「但看太歲是何神」句下。

《原文》：亦兼為汝說。相逢大地能幾人。個個是知心。若還求地不種德。穩口深藏舌。

蔣大鴻（平階）註《傳》：篇終述敘傳授之意。深戒曾公安之善寶之也。結義歸重於種德。今之得傳者。不慎擇人。輕洩浪示。恐雖得吉地，不能實受其福矣。而洩天寶者。重違先師之戒。其不干造物之怒。而自取禍咎者。幾希矣。

繼大師註《**解**》：先賢曾公安著此《天玉經》，非常隱秘，內容很多謎題，亦只寫出重點，看此經決不能明白，亦不可胡亂猜測，必須得明師真傳，曾公又云：「**世人不知天機秘。洩破有何益。**」得書須得訣，得明師真傳最重要。

《天玉經內傳下完》

《地理辨正疏》上冊完

榮光園有限公司出版　繼大師著作目錄：

正五行擇日系列

一《正五行擇日精義初階》　二《正五行擇日精義中階》

風水巒頭系列

三《龍法精義初階》　四《龍法精義高階》

正五行擇日系列

五《正五行擇日精義進階》　六《正五行擇日祕法心要》

七《紫白精義全書初階》　八《紫白精義全書高階》附《紫白原本錄要》及八宅詳解

九《正五行擇日精義高階》（附日課精解）　十《擇日風水問答錄》

風水巒頭系列

十一《砂法精義一》　十二《砂法精義二》

擇日風水系列

十三《擇日風水尅應》　十四《風水謬論辨正》

風水古籍註解系列

十五《三元地理辨惑》馬泰青著（繼大師標點校對）

十六《三元地理辨惑白話真解》馬泰青著（繼大師意譯及註解）

風水巒頭系列

十七《大都會風水秘典》

十八《大陽居風水秘典》

三元卦理系列

十九《元空真祕》原著及上下（全套共三冊）劉仙舫著　繼大師註解

二十《風水祖師蔣大鴻史傳》

三元易盤卦理系列

廿一《地理辨正疏》上冊、下冊（全套共二冊）

黃石公傳　赤松子述義　楊筠松著　曾求己著　蔣大鴻註及傳　姜垚註　張心言疏　繼大師註解

未出版：

廿二《地理辨正精華錄》　廿三《三元地理命卦精解》

大地遊踪系列

廿四《大地風水傳奇》　廿五《大地風水神異》

廿六《大地風水遊踪》　廿七《風水祕義》

廿八《風水靈穴釋義》　廿九《大地墳穴風水》

三十《香港風水穴地》　卅一《廟宇風水傳奇》

卅二《香港廟宇風水》　卅三《港澳廟宇風水》　卅四《中國廟宇風水》

風水古籍註解系列

卅五《青烏經暨風水口義釋義註譯》　卅六《管號詩括暨葬書釋義註解》

卅七《管氏指蒙雜錄釋義註解》　卅八《千金賦說文圖解》

卅九《雪心賦圖文解義》（全四冊）——繼大師註解

作者簡介

出生於香港的繼大師，年青時熱愛於宗教、五術及音樂藝術，一九八七至一九九六年間，隨呂克明先生學習三元陰陽二宅風水及正五行擇日等學問，於八九年拜師入其門下。

榮光園有限公司簡介

榮光園有限公司，為香港出版五術書籍的出版社，以發揚中華五術為宗旨，首以風水學為主，次為擇日學，再為占卜學。

風水學以三元易卦風水為主，以楊筠松、蔣大鴻、張心言等風水明師為理氣之宗，以巒頭（形勢）為用。占卜以文王卦為主，擇日以楊筠松祖師的正五行造命擇日法為主。

為闡明中國風水學問，筆者使用中國畫的技法畫出山巒，以表達風水上之龍、穴、砂及水的結構，以國畫形式繪劃，並插圖在書上，加以註解，令內容更加詳盡。亦將會出版中國經典風水古籍，重新註解及演繹其神韻。

日後榮光園若有新的發展構思，定當向各讀者介紹。

出版社：榮光園有限公司 Wing Kwong Yuen Limited
香港新界葵涌大連排道 35 － 41 號，金基工業大廈 12 字樓 D 室
Flat D, 12/F, Gold King Industrial Bldg. , 35-41 Tai Lin Pai Rd, Kwai Chung, N.T., Hong Kong
電話：(852) 6850 1109
電郵：wingkwongyuen@gmail.com
發行：聯合新零售(香港)有限公司　SUP RETAIL (HONG KONG) LIMITED
地址：香港新界荃灣德士古道 220 ～ 248 號荃灣工業中心 16 樓
16/F, Tsuen Wan Industrial Centre, 220-248 Texaco Road, Tsuen Wan, NT, Hong Kong
電話：(852) 2150 2100　　電郵：info@suplogistics.com.hk
印刷：榮光園有限公司 Wing Kwong Yuen Limited
作者：繼大師
電郵：masterskaitai@gmail.com　　版次：2022 年五月 第 I 次版
網誌：kaitaimasters.blogspot.hk

榮光園有限公司簡介

榮光園有限公司，為香港出版五術書籍的出版社，以發揚中華五術為宗旨，首以風水學為主，次為擇日學，再為占卜學。

風水學以三元易卦風水為主，以楊筠松、蔣大鴻、張心言等風水明師為理氣之宗，以巒頭（形勢）為用。占卜以文王卦為主，擇日以楊筠松祖師的正五行造命擇日法為主。

為闡明中國風水學問，筆者使用中國畫的技法畫出山巒，以表達風水上之龍、穴、砂及水的結構，以國畫形式繪劃，並插圖在書上，加以註解，令內容更加詳盡。亦將會出版中國經典風水古籍，重新註解及演繹其神韻。

日後榮光園若有新的發展構思，定當向各讀者介紹。

校對者簡介

出生於香港的繼大師，年青時熱愛於宗教、五術及音樂藝術，一九八七至一九九六年間，隨呂克明先生學習三元陰陽二宅風水及正五行擇日等學問，於八九年拜師入其門下。

《地理辨正疏》上冊 蔣大鴻註 張心言疏 — 繼大師整理標點、校對及註解

出版社：榮光園有限公司 Wing Kwong Yuen Limited
香港新界葵涌大連排道35 - 41號, 金基工業大厦12字樓D室
Flat D, 12/F, Gold King Industrial Bldg. , 35-41 Tai Lin Pai Rd, Kwai Chung, N.T., Hong Kong
電話：(852) 6850 1109
電郵：wingkwongyuen@gmail.com
發行：聯合新零售(香港)有限公司 SUP RETAIL (HONG KONG) LIMITED
地址：香港新界荃灣德士古道220～248號荃灣工業中心16樓
16/F, Tsuen Wan Industrial Centre, 220-248 Texaco Road, Tsuen Wan, NT, Hong Kong
電話：(852) 2150 2100
電郵：info@suplogistics.com.hk
印刷：榮光園有限公司 Wing Kwong Yuen Limited
註疏者：蔣大鴻註 張心言疏 - 繼大師整理標點、校對及註解
繼大師電郵：masterskaitai@gmail.com
繼大師網誌：kaitaimasters.blogspot.hk

《地理辨正疏》上冊 蔣大鴻註 張心言疏 - 繼大師整理標點、校對及註解
定價：HK$ 400 -（全套共二冊）

版次：2022年5月 第一次版

版權所有 不得翻印

978-988-76145-3-1